Bernd Frederich

Die Verliebtheitsfalle

Warum man immer wieder an den falschen Partner gerät und wie man trotzdem glücklich werden kann

Kreuz

Während der Arbeiten an diesem Buch
verstarb in hohem Alter meine Mutter.

Ich verdanke ihr
- *den Scharfblick für Dinge, die nicht in Ordnung sind;*
- *die Kunst, einfach und dennoch zutreffend zu formulieren;*
- *die Fähigkeit, mein Herz für die zu öffnen, die in Not geraten sind;*
- *die Disziplin, auch wenn es mir viel abverlangt, noch funktionieren zu können.*

Nach vielen Jahren des Zerwürfnisses konnten wir uns versöhnen.

Elisabeth heilte mein mehrfach gebrochenes Herz.
In ihrer schnörkellosen und doch
zurückhaltenden Art
zeigte sie mir, was Liebe zu bewirken vermag.
Ihr sei dieses Buch gewidmet.

Inhaltsverzeichnis

Einleitung

Ihr Herz klopft, Ihr Blut gerät in Wallung, in Ihrer Magengrube treiben tausend Schmetterlinge ihr Unwesen und von den Zehenspitzen bis zu den Haarwurzeln fährt Ihnen ein Kribbeln durch den Körper – kein Zweifel, Sie sind verliebt.

Wer kennt es nicht, dieses wunderbare Gefühl, wenn der Himmel voller Geigen hängt, man leicht und beschwingt durchs Leben geht, das eben noch lästig und mühsam schien. Verliebten wachsen unermessliche Kräfte zu; was sie bis vor kurzem noch für undurchführbar hielten, erscheint ihnen plötzlich wie ein Kinderspiel.

Wer von Amors Pfeilen getroffen wurde, wächst über sich hinaus, hebt ab, schwebt auf Wolken, tanzt im siebten Himmel … Aber: Nicht selten ist er leider auch mit Blindheit geschlagen. Zwei Wochen, vier oder sechs Monate, vielleicht auch zwei Jahre später, wenn die schöne Seifenblase platzt, fällt er ins Bodenlose, weicht die Euphorie der Ernüchterung: Das Verliebtsein war nicht der Auftakt einer großen Liebe, sondern eine Falle, in die man unversehens und »blind vor Liebe« tappte.

Manchen Menschen passiert das mehrmals im Leben: Immer wieder glauben sie, diesmal ganz sicher den Richtigen erwischt zu haben, und dann erweist er sich doch wieder nur als Frosch. Andere bleiben in der Beziehung mit der Falschen hängen, obwohl sie längst ahnen, dass das, was sie verbindet, keine Liebe ist.

Es ist meine feste Überzeugung, dass jedem Menschen ursprünglich die Fähigkeit mitgegeben wurde, den passenden Partner oder die passende Partnerin zu entdecken und auch für sich zu begeistern. Bei einigen allerdings ist dieses Vermögen verschüttet, und dies, obwohl wir Menschen mit der Partnerwahl über unser späteres Glück oder Unglück, über familiären und beruflichen Erfolg oder Misserfolg sowie über Gesundheit, Krankheit und auch über ein langes Leben oder frühzeitigen Tod entscheiden.

Ich sage das, obgleich mir bewusst ist, dass wir Menschen unser Schicksal nur zu einem kleinen Teil selbst mitbestimmen können. Aber ich bin aufgrund jahrelanger Beobachtungen als Arzt und Therapeut auch davon überzeugt, dass wir diesen geringen Bereich, der uns zur Einflussnahme offen steht, noch längst nicht voll ausgeschöpft haben. Auch wenn die Liebe eine »Himmelsmacht« ist, sind wir ihr nicht ausgeliefert wie die Helden in den griechischen Tragödien. Ich möchte Ihnen Mut machen, sich für ein selbstbestimmtes Leben zu entscheiden, von dem Sie später einmal sagen können: »Es hat sich gelohnt!«

In meinen Ausführungen möchte ich Ihnen bewusst machen, wie es dazu kommt, dass zwei Menschen sich ineinander verlieben, und welche – meist zutiefst verborgenen und in der Kindheit erworbenen – Mechanismen diesen Prozess steuern. Sobald ich verstehe, welche Kraft es ist, die mich immer wieder in die Arme des Falschen treibt, kann ich dagegen angehen und mir und meinem Partner einen unendlichen Leidensweg ersparen.

Ich werde Ihnen Wege aufweisen, wie Sie – ganz langsam – ein solches stets aufs Neue Unglück und Leid produzierendes Programm aus Ihrem Kopf löschen können. Gelingt Ihnen das, so werden Sie in Zukunft auf für Sie bekömmlichere Partner aufmerksam werden.

Aber auch wenn Sie verheiratet sind oder in einer festen Beziehung leben, ist es lohnenswert, sich mit den Wurzeln des eigenen Erlebens und Verhaltens auseinander zu setzen.

Vielleicht werden Sie etwas entdecken, was Sie gerne ändern möchten, und vielleicht ist diese Kurskorrektur eine Bereicherung für Ihre Partnerschaft.

Wie kam es zur Entdeckung der Verliebtheitsfalle?

Möglicherweise denken Sie jetzt, dass ich den Mund etwas voll nehme. Vielleicht fragen Sie sich auch, warum ein Arzt sich mit Liebe beschäftigt, anstatt sich um die Krankheiten seiner Patienten zu kümmern. Ich will es Ihnen gerne erklären.

Nach zwei, drei Jahren Hausarzttätigkeit wurde mir bewusst, wie ineffektiv ich im Grunde arbeitete. Trotz all meiner Bemühungen blieben die meisten der bei mir um Rat und Heilung Suchenden weiterhin krank: Die Neurodermitiker mussten sich unaufhörlich weiter kratzen und dadurch ihre Haut zerstören; die Asthmatiker rangen weiterhin um Luft; die Leute mit einer Colitis ulcerosa (blutige Dickdarmdurchfälle) blieben bei ihren zehn bis zwanzig Stuhlgängen pro Tag usw.

Bei meinen Hausbesuchen war mir immer wieder aufgefallen, wie unzweckmäßig, ja manchmal sogar feindselig die einzelnen Familienmitglieder miteinander umgingen. Schon sehr bald gewann ich den Eindruck, dass es einen Zusammenhang zwischen der Schwere der Erkrankung des Patienten und der Feindseligkeit des Umgangs miteinander gab. Manchmal schoss es mir durch den Kopf: »Hätten die beiden doch bloß nie geheiratet!« Oder: »Scheidung wäre wohl hier das Beste!«

Wenn meine Beobachtung stimmte – das wurde mir bald klar –, konnte meine auf die Symptome konzentrierte Behandlungsweise hier nichts ausrichten, und so machte ich mich auf die Suche nach neuen therapeutischen Wegen.

Im Sinne einer echten Gesundheitsvorsorge schien es von Interesse zu sein, dass »die Richtigen« in einer Ehe zusammenfinden, die auch nach Jahren noch einen liebevollen Umgang miteinander pflegen. (Nicht die Antibiotika haben die Infektionskrankheiten und Seuchen zurückgedrängt, sondern die präventiven Maßnahmen von sauberem Trinkwasser, Lebensmittelhygiene und eine geordnete Abwasser- und Müllbeseitigung!) Die andere Frage, die sich natürlich aufdrängte, war die, warum es eigentlich immer wieder dazu kommt, dass die Falschen in einer Ehe zusammenfinden mit der Folge von Scheidung und/oder Krankheit.

Die Antworten auf diese Fragen fand ich in der systemischen Familientherapie, in der ich mich ausbilden ließ. »Das Tun des einen ist das Tun des anderen«, so heißt das Buch von Helm Stierlin, meinem hochverehrten Lehrer, in dem er eindrucksvoll nachweist, wie wir Menschen unser Verhalten immer wieder komplementär zu dem unserer Mitmenschen ausrichten und dadurch Situationen stabilisieren, die wir im Grunde so gar nicht wollen: Dauernder Streit und/oder chronische Erkrankungen können die Folge sein.

Demzufolge geht es bei der Familientherapie nicht darum, einen Defekt festzustellen und zu behandeln, sondern vielmehr darum, die vorhandenen Fähigkeiten der Familienmitglieder zu nutzen, um den festgefahrenen Kreislauf aufzubrechen.

Ich arbeite nun seit fünfzehn Jahren nach dem Konzept der FamilienPsychoSomatik und meine Heilungserfolge geben mir Recht. In meinen beiden vorausgegangenen Büchern wählte ich den erzählerischen Stil, um Schicksale von Patienten-Familien oder »nur« zerstrittenen Familien darzustellen. Ich ließ den Leser teilnehmen am Leben der Klienten zu Hause, am Arbeitsplatz oder in ihrer Jugend. Dieses Mal lade ich Sie ein, mir während der Beratung über die Schulter zu schauen.

Immer noch haben allzu viele Bürger Angst vor einer Familienberatung (oder, wie man früher sagte, Psychotherapie) und versagen sich somit eine effiziente Hilfe, die ihnen manches Leid ersparen könnte. Ich hoffe, dass Sie durch Ihre Teilnahme an den verschiedensten Beratungen neugieriger werden auf sich selbst und auch auf Ihre eigene Beziehung und eventuell sogar den Entschluss fassen, sich selbst einer Supervision (Beratung) zu unterziehen.

So wie es für manche Skifahrer absolut selbstverständlich ist, immer wieder mal bei einem Skilehrer vorbeizuschauen, oder so wie alle Lufthansa-Piloten alle sechs Monate zu einem Überprüfungscheck müssen, so sollte es uns allen eines Tages zur lieben Gewohnheit werden, sich immer wieder einmal die Sichtweise eines Außenstehenden über uns selbst einzuholen.

Jetzt seien Sie also als Gast beziehungsweise Ausbildungskandidat für FamilienPsychoSomatik in meinem Beratungsraum herzlich willkommen!

Wenn einem Lebewesen
gerechtfertigte Wünsche
auf Dauer vorenthalten werden,
entsteht in diesem Individuum
eine zunehmende Enttäuschung,
die sich bis zur Feindseligkeit zu steigern
vermag.
Diese so entstandene Aggression kann
entweder nach außen gegen andere
und/oder
nach innen, gegen sich selbst
(Krankheit)
gerichtet werden.

1. Kapitel

Die Sehnsucht der Frauen

In diesem ersten Kapitel möchte ich Sie einladen, an einer idealtypischen Beratungssitzung teilzunehmen. Gemeinsam mit Julia, die als Ausbildungskandidatin für FamilienPsychoSomatik ebenfalls an diesem Gespräch teilnimmt, können Sie mir während meiner Arbeit über die Schulter schauen. Julia ist Mutter von drei schon erwachsenen Kindern und ist seit vielen Jahren im sozialen Bereich tätig.

»Herzlich willkommen, Julia!

Herzklopfen? – Das ist völlig normal. Schließlich ist es für Sie heute das erste Mal, dass Sie an einem meiner Beratungsgespräche teilnehmen.

Es ist gut, dass Sie so früh gekommen sind, eine halbe Stunde bevor unser Gast eintreffen wird. Somit habe ich Zeit, Ihnen noch einige wichtige Informationen zur Vorgeschichte, zum Ablauf und zu den Kerngedanken einer jeden Beratung zukommen zu lassen. Ich bitte höflich um Nachsicht, Julia, wenn ich jetzt für ein paar Minuten doziere:

Meistens sind es die Frauen, die in meinem Büro anrufen und um eine Beratung nachsuchen. Es sieht so aus, als ob Frauen die Beziehungsklügeren sind. Sie spüren eher, ob sich der Wurm in ihrer Partnerschaft eingenistet hat, und sie scheinen auch mehr Mut zu haben, sich dies einzugestehen und um Hilfe zu bitten. Wir Männer hingegen sind vielfach zu stolz oder vielleicht auch zu feige, um die Hilfe und Unterstützung von anderen anzunehmen.

Nun, wenn also eine Frau bei meiner hochgeschätzten Bürochefin, Frau Kotthaus, anruft, werden auf einem Anmeldeformular zunächst ihre persönlichen Daten und auch die ihres Partners erfasst: Familienname, Vorname, Geburtsdatum, Beruf, Adresse, Telefonnummer, Krankenkasse und so weiter. Anschließend wird sie aufgefordert, eine Reihe von Fragen zu beantworten, wie zum Beispiel: Wann wurde geheiratet? Gibt es Kinder? Wenn ja, wie viele und wie alt sind sie? Ferner werden Angaben zur bestehenden Problematik erbeten und auch dazu, ob und wie lange schon welche Beschwerden vorliegen.

Schon dieser erste Telefonkontakt offenbart nicht selten die Kluft, die zwischen dem Paar besteht. In sehr vielen Fällen nämlich sind die Anruferinnen der festen Überzeugung, dass sie nur allein kommen könnten, weil ihre Männer sie niemals begleiten würden. Es sei aussichtslos, sie zu bitten, da ihnen schon der Gedanke an eine Paarberatung eine Gänsehaut verursache. Durch liebevolles, hartnäckiges Insistieren von Frau Kotthaus gelingt es aber dann meistens doch, auch den männlichen Teil herbeizulocken. Wenn nicht, so kann ich erst einmal im Sinne einer Einzelberatung beginnen und hoffen, dass der Partner sich zu einem späteren Zeitpunkt dann doch noch hinzugesellen wird.

Der Begriff der Familienberatung schließt eine Einzeltherapie zwar nicht aus, aber wenn eine verheiratete Klientin, die wegen Partnerschaftsproblemen eine Beratung aufsucht, auf die Dauer allein bleibt, ist die Gefahr groß, dass wir mit unseren gemeinsamen Bemühungen für die Beziehung scheitern: Entweder werden von zu Hause – unbewusst – alle Veränderungsbestrebungen der Frau sabotiert, oder aber die Klientin verändert sich trotz aller Widrigkeiten und entfernt sich auf diese Weise zunehmend von ihrem Partner, der ihre

Entwicklung nicht nachvollziehen kann. In beiden Fällen ist die Scheidung am Ende fast unausweichlich.

Ist nun ein Beratungsplatz frei, so vereinbart Frau Kotthaus mit den einzelnen Klienten oder der Familie einen ersten Termin. Mit der schriftlichen Einladung erhalten die Betroffenen auch die Aufforderung, eine Kassette mitzubringen. Denn jedes Beratungsgespräch wird auf Band aufgezeichnet. Dieses Tonband ist das Eigentum der Klienten, denen es nach jeder Sitzung mit nach Hause gegeben wird, damit sie sich den Verlauf des Gesprächs und die einzelnen Aussagen jederzeit nochmals vergegenwärtigen können. Bis zur nächsten Stunde sollte jeder einzeln oder die Familie gemeinsam das Band auf jeden Fall noch mindestens einmal angehört haben. Stellen sich dabei Fragen und Unklarheiten ein, sollen diese notiert und zum nächsten Beratungstermin mitgebracht werden.

Alle Klienten fordere ich auf, die Tonträger auf jeden Fall aufzubewahren, denn sie sind ein einzigartiges Dokument der eigenen Entwicklungsfortschritte. Es ist oft erstaunlich, wenn man nach drei oder vier Jahren beim Abhören der Bänder feststellen kann, dass Zusammenhänge, die einem einst unverständlich waren, in der Zwischenzeit ganz selbstverständlich geworden sind.

Meine geringe Anzahl an Beratungsstunden, im Schnitt zwölf bis vierzehn Doppelstunden über ein bis anderthalb Jahre verteilt, führe ich mit auf diese Tonkonserve zurück: In einer Stunde kann ich als Berater vieles konzentriert besprechen, was die Menschen zu Hause dann in leicht verdaulichere Happen unterteilen können. Nichts wird vergessen und es kann auch niemals Streit darüber geben, wer was gesagt hat. Das ist übrigens auch für den Berater ein gutes ›Erziehungsmittel‹.

Gemeinsam mit der Einladung zum ersten Gesprächstermin erhalten alle Beteiligten auch den Auftrag – ganz für sich allein im stillen Kämmerlein –, die folgenden drei Fragen schriftlich zu beantworten und diese Ausarbeitung zur ersten Stunde mitzubringen:

1. *Was erhoffe ich mir von der Beratung?*
2. *Wie könnte mich der Berater schnellstmöglich verärgern?*
3. *Wie erkläre ich mir meine Erkrankung bzw. die meines Partners/Familienangehörigen und/oder das Zerstrittensein der Familie?*

Vielleicht, liebe Julia, wundern Sie sich jetzt, dass ich meinen Klienten so viel abverlange, bevor sie mich überhaupt das erste Mal gesehen haben. Ich möchte von Beginn an klarstellen, dass die intensive Mitarbeit **aller** *Beteiligten unabdingbar ist.*

Aus diesem Grund spreche ich auch immer wieder von Beratung und nicht von Therapie. Wie ein Trainer, der die ihm anvertrauten Sportler immer wieder aufbaut, kann auch ich Anregungen geben, wie man dieses oder jenes in Zukunft zweckmäßiger handhaben könnte; die Umsetzung jedoch bleibt die Aufgabe der Kunden!

So unbequem dies auch sein mag, der unschätzbare Vorteil liegt darin, dass die Klienten stets die Kontrolle über sich selbst behalten. Ihre Autonomie bleibt gewahrt, es gibt keine Manipulation! Kommt es zum Erfolg, so dürfen sich die Betroffenen diesen auf die eigene Fahne schreiben. Die Klientenfamilie ist es, die dank ihres Bemühens ein harmonischeres Familienleben oder gar das Verschwinden einer Krankheit herbeigeführt hat!

Das Selbstverständnis eines Familienberaters ist ein ganz anderes als das des Schulmediziners. Der konventionelle Arzt sucht immer das, was nicht in Ordnung ist. Seine Diagnosen konzentrieren sich fast immer auf ein Defizit, einen Fehler oder einen Mangel. Typisch für diese Haltung sind diese geringschätzigen Sätze, die man leider immer wieder auf den Fluren in unseren Krankenhäusern hören muss: ›Der

Magen von Zimmer zehn ...‹ oder: ›der Neurotiker aus X-Dorf ...‹

Im Rahmen der Familienberatung dagegen meiden wir, so weit es geht, Diagnosen. Wir beschränken uns auf die Beschreibung des beobachtbaren Verhaltens unserer Klienten. Somit sind wir nicht auf Symptome fixiert, die ein Nichtfunktionieren anzeigen, sondern auf der Suche nach Ressourcen. Wir wollen den Menschen Möglichkeiten aufzeigen, die ihnen bisher vielleicht verborgen geblieben sind, und sie ermutigen, sich auf den Weg zu neuen Erlebens- und Verhaltensweisen zu machen.

Stellen Sie sich zum Beispiel einmal vor, ich würde Ihnen folgende Diagnose mitteilen: ›Ich konnte bei Ihnen zwanghaftes Verhalten und ausgeprägt neurotische Neigungen feststellen.‹ Wie anders hingegen fühlt es sich an, wenn ich Sie stattdessen auffordere, darüber nachzudenken, ob es denn sein könnte, dass Sie nicht mehr alle Schalter kontrollieren müssen, wenn Sie erst einmal die Angst überwunden haben, einen Fehler zu begehen. Vielleicht könnten Sie dann eines Tages auch bemerken, dass sie mit Kritik viel gelassener umgehen können und nicht wegen jeder Kleinigkeit vorschnell explodieren müssen.

So, liebe Julia, jetzt müsste unsere Klientin jeden Augenblick eintreffen. Ich bitte um Nachsicht, so viel doziert zu haben, aber in Anbetracht der kurzen Zeit ....

Zum Ausgleich habe ich auch Ihnen als Gast dieses Vorgespräch auf Band aufgenommen. Sie mögen es bitte zu Hause noch einmal durchgehen und mir mitteilen, wenn Sie im Nachhinein noch auf Unklarheiten stoßen.

Gibt es jetzt noch Fragen?

Ach ja. Wer eine solche Beratung bezahlt?

Nun, da es sich in unserem Lande noch nicht herumgesprochen hat, dass familiäres Zerstrittensein krank machen kann – so zumindest der Gesetzgeber im März 1998 -, sind die

Kosten für familienpsychosomatische Beratungen bisher nicht erstattungsfähig. Eine Reihe von Krankenkassen aber hat inzwischen bemerkt, dass ihnen das Modell der FamilienPsychoSomatik viel Geld spart, und so rückerstatten sie einen Großteil der bei uns entstandenen Kosten.

Es hat geklingelt.

Der Zeit nach müßte es Petra sein.

Wir werden sie an der Tür abholen.«

Petra und ihr erstes Beratungsgespräch

»Kommen Sie herein, Petra – ich darf Sie doch mit Ihrem Vornamen ansprechen, so bleibt Ihre Anonymität besser gewahrt. Dieser Drehstuhl ist meine Sitzgelegenheit. Neben mir wird sich unsere Ausbildungskandidatin Julia hinsetzen, und aus den übrigen fünf Plätzen suchen Sie sich bitte den für Sie schönsten aus. Es wird nicht gedeutet, wo Sie sich wie hinsetzen! – Herzlich willkommen an Bord!

Die Tonaufnahme läuft. Die von Ihnen mitgebrachte Kassette bleibt Ihr Eigentum. Sie werden sie nachher mit nach Hause nehmen, und wie Sie bereits wissen, bitte ich Sie, das Band bis zum nächsten Mal mindestens einmal anzuhören und sich eventuell auch Notizen dazu zu machen. Wir alle stehen in einem stressigen Berufsleben. Es kann also vorkommen, dass Sie Ihre Hausaufgaben bis zum nächsten Mal nicht schaffen. Sie mögen dann dennoch mit einem guten Gewissen hierher kommen. Es gibt in der Familienberatung keine Betragensnoten! Übrigens, wie Sie hinter mir sehen, die Videokamera schaut zur Decke, sie ist nicht eingeschaltet.

Mit unserer Ausbildungskandidatin habe ich Sie ja bereits draußen im Flur bekannt gemacht. Hinzuzufügen ist noch, dass Julia – nicht anders als ich selbst – der absoluten Verschwiegenheitspflicht unterliegt. Ich bin übrigens froh, dass heute eine Frau an meiner Seite sitzt, denn wie ich sehe, kommen Sie ohne einen Partner. Sie haben somit auch von weiblicher Seite Unterstützung.

Gehen wir zunächst einmal den Anmeldebogen durch: Sie haben angegeben, dass ich Ihnen von einer Freundin empfohlen worden sei. Sollte ich diese Frau kennen?«

»Aber mit Sicherheit! Doris F. hat durch Sie ihre Neurodermitis verloren. Die muss Ihnen schon eine Menge Kundschaft zugeschanzt haben. Nach meiner langen Odyssee durch die klassische Medizin, die ich ja zu allem Leidwesen auch noch selbst studiere, hat mich dann Doris eines Tages doch noch überredet, es einmal mit Ihnen zu versuchen. Sie sind sozusagen meine letzte Hoffnung.«

»Bitte alles etwas niedriger hängen! Von hohen Sockeln fällt es sich so tief. Meine Erfolgsrate liegt bei rund fünfundsiebzig Prozent. Ich bin mal gespannt, für welche Abteilung Sie sich entscheiden – die fünfundsiebzig oder die fünfundzwanzig Prozent.

Familienname, Adresse und so weiter lassen wir weg, um Ihre Anonymität zu wahren. Aber dass Sie neunundzwanzig Jahre alt sind, dürfen wir wohl verraten. Sie studieren Medizin. -In welchem Semester?«

»Ich bin mitten im zweiten Staatsexamen. Sie sollten sich nicht darüber wundern, dass ich mit neunundzwanzig Jahren mein Studium nicht schon längst abgeschlossen habe. Da ich von zu Hause keinerlei finanzielle Unterstützung erhielt, war ich darauf angewiesen, zunächst einmal einen Beruf zu erlernen, um mir das Geld für ein Studium selbst verdienen zu können, und so habe ich erst einmal die Ausbildung zur Krankenschwester absolviert. Es entspricht jedoch auch durchaus meiner Lebensauffassung beziehungsweise meiner Vorstellung von Professionalität, die Dinge von der Pike auf zu lernen.«

»Sie kommen allein! Ich nehme an, dass Ihnen meine

Sekretärin Mut gemacht hat, auch Ihren Lebensgefährten, Freund oder Partner mitzubringen.« Ein Schatten ging über Petras Gesicht. Ihre Gesichtszüge wurden andeutungsweise streng. Sie lehnte sich weit zurück und schaute fast Hilfe suchend im Zimmer herum.

»Also, ich habe ihn gefragt. Aber er hat mich nur ausgelacht. Er hätte noch alle Tassen im Schrank! Außerdem seien es doch die Psychotherapeuten selbst, die – so seine Worte – es am allernötigsten hätten.«

»Nun gut oder nicht gut – je nach Standpunkt. Sollten Sie sich durch unsere Zusammenarbeit hier in Ihrem Erleben und Verhalten ändern, könnte es passieren, dass Sie auf einmal die Lust an Ihrem Freund verlieren und ihm den Laufpass geben. Bitte sagen Sie ihm das.

Hier auf dem Anmeldebogen ganz unten haben Sie als grobe Richtschnur Ihrer Symptomatik Unterleibsbeschwerden und Depressivität angegeben. Kann das so stehen bleiben?«

»Ja!«

»Bevor wir aber zu Ihrem Beratungsauftrag kommen, interessiert mich noch – ich bin nach wie vor Internist beziehungsweise Organmediziner -, ob Sie sonst schon einmal in Ihrem Leben Kontakt mit der klassischen Medizin hatten und ob es psychotherapeutische Vorbehandler gab oder gibt?«

»Bis vor zwei Jahren war ich, wie wir wohl in unserem Medizinerjargon zu sagen pflegen, unheilbar gesund. Als kleines Kind Masern, Röteln. Sonst nichts Erwähnenswertes. Keine Unfälle, keine Klinikaufenthalte. Auch meine Eltern erfreuen sich bester Gesundheit. Und der Besuch bei Ihnen ist das erste Unterfangen dieser Art.«

»Dann darf ich Sie jetzt bitten, uns Ihre Antworten auf die drei Fragen, die Ihnen von meinem Büro gleich zur ersten Terminvergabe mit nach Hause geschickt wurden, vorzutragen. 1. Was erhoffen Sie sich von der Beratung? 2. Wie könnte

ich Sie schnellstmöglich verärgern, so dass Sie nie wieder hierher kommen würden, und 3. Wie erklären Sie sich selbst Ihre Problematik beziehungsweise Ihre Symptomatik?«

»Also, die erste Frage ist am leichtesten zu beantworten: Ich möchte all meine Unterleibsbeschwerden so schnell wie irgend möglich loswerden. Eine Blasenentzündung jagt die andere, dazwischen Beckenentzündungen, Eierstockentzündungen, immer wieder vaginaler Ausfluß. Da unten ist einfach der Wurm drin! Das Ganze hat mich schon derart zermürbt, dass ich mit depressiven Erscheinungen wie Ein- und Durchschlafstörungen, Antriebsarmut und manchmal auch schon mit Zweifeln am Sinn des Lebens reagiert habe. Was soll das alles noch, wenn es dauernd wehtut und mir keiner helfen kann?

Zu Frage zwei ist mir kaum was eingefallen. Ich bin nicht so schnell zu verärgern. Ich halte schon was aus. Vielleicht würde mich stören, wenn Sie zu sehr in der Peripherie rumreden und nicht auf den Punkt kommen. Ich mag kein inhaltsloses Geschwätz.

Ja, und zu Frage drei kann ich nur sagen: Wenn ich das wüsste, wäre ich ja wohl nicht hier. Was haben Sie sich wohl bei dieser Fragestellung gedacht?!«

»In der Familienberatung sind wir darauf aus, Zeit und Geld der Leute zu sparen, das heißt mit deren Ressourcen sparsam umzugehen. Ich erlebe es oft, insbesondere wenn vier, fünf Leute einer Familie hier versammelt sind, dass der eine oder andere, meist ein nicht unmittelbar Betroffener, eine Vermutung anbietet, die schon ganz nahe bei der Wahrheit liegt. Darauf lässt sich sofort aufbauen.

Und darüber hinaus gibt es noch ein anderes ganz erstaunliches Phänomen. Im Grunde haben fast alle Symptomträger eine ziemlich genaue Vorstellung davon, wo die psychologischen Mitursachen ihrer Erkrankung liegen. Es klingt paradox, aber es ist so, sie wissen, um was es geht, aber ihr Wissen darf nicht ins Bewusstsein vordringen. Verstehen Sie mich also bitte als einen Geburtshelfer für Ihre Wahrheit, die schon lange in den tiefsten Tiefen Ihres Bewusstseins schlummert und nur darauf wartet, endlich das Licht der Welt zu erblicken.«

»Aber bitte keine Geburtszange und auch keinen Wehentropf. Mir ist in meinem Leben schon zu viel um die Ohren geknallt worden.«

»Julia wird mich bremsen, sollte ich zu unsensibel vorgehen. Bevor wir nun näher einsteigen, hätte ich gerne noch gewusst, was Sie denn schon alles unternommen haben, um Ihre Beschwerden loszuwerden?«

»Eigentlich fast alles, was die Medizin so hergibt: Mehrere Gynäkologen, ein Magen-Darm-Spezialist, der tippte auf einen M.Crohn, also eine chronische Enddünndarmentzündung. Ein Orthopäde frohlockte, dass er einen M. Bechterew, eine entzündliche Autoimmunerkrankung der unteren Wirbelsäule, gefunden hätte. Zwei Urologen und ein Nierenspezialist versuchten ihr Glück an mir. Mein Hausarzt wollte mich mit Psychopharmaka füttern und empfahl mir einen Psychiater. Beides habe ich aber dann doch abgelehnt.

Also einiges an Ultraschall, Röntgen, auch ein CT, jede Menge Labor und seltsamerweise auch ein EKG sowie Spiegelungen in den verschiedensten Körperhöhlen habe ich hinter mir. Ich bin bereits in Sorge, wie lange mich meine Versicherung noch behält.

Nun studiere ich ja dieses Fach und musste bereits im frühesten Stadium miterleben, wie all die schöne Technik in meinem Fall aber auch gar nichts gebracht hat, außer der ganz schlimmen Erfahrung, dass manche Ärzte im Umgang mit den bei ihnen um Hilfe Suchenden nicht nur ruppig, sondern sogar unverschämt umgehen. Aber ich weiß es ja selbst – liebevoller und einfühlsamer Umgang mit Patienten ist kein Unterrichtsfach im Studium. Entweder man bringt schon von zu Hause eine gute Kinderstube mit oder die Leute, ich meine die Patienten, haben halt Pech.«

»Ich möchte nicht widersprechen. Aber ich darf jetzt doch wieder ein Stück an Ihrem Auftrag weiterarbeiten. – Sie sagten, dass Ihr Leidensweg vor rund zwei Jahren begann. Können Sie sich noch erinnern, wann genau dies war und was sich damals in Ihrem Leben geändert hat?«

»Ostern vor inzwischen zweieinhalb Jahren, das heißt, die erste Blasenentzündung kam so vierzehn Tage, drei Wochen nach Ostern. Und an Ostern habe ich meinen jetzigen Freund kennen gelernt. Letzteres sage ich nur der Vollständigkeit halber.«

Seltsamerweise hielt Petra in diesem Augenblick ihre beiden Hände schützend über ihren Schoß und das bisherige Lächeln verschwand aus ihrem Gesicht.

»Nehmen wir einmal an, ein Wunder geschieht und über Nacht verschwinden all Ihre Beschwerden, und zwar anhaltend. Morgen früh wachen Sie auf, schlagen fröhlich die Bettdecke zurück, springen mit einem Satz aus den Federn, ohne Schmerzen, voller Energien und mit der Gewissheit, dass Sie ab sofort wieder – wie früher – eine unheilbar gesunde Frau sind. Was machen Sie dann? Was werden Sie ab morgen alles unternehmen?«

»Wollen Sie mich auf den Arm nehmen? Aber wenn's der Wahrheitsfindung dient. – Ich würde sofort ins Freibad gehen und dort meine tausend Meter schwimmen, anschließend mit dem Rennrad einen kleinen Rundkurs absolvieren und zum Abschluss zehntausend Meter zu Fuß durch den Wald. Ich halte viel von körperlicher Fitness, fühle mich einfach wohl dabei. Ja und dann könnte ich mich auch viel energischer um meine bevorstehenden Prüfungen kümmern und mit besseren Noten abschließen, als ich sie im Moment zu erwarten habe.«

»Wie würde Ihr Freund mit Ihrer wiedergewonnenen körperlichen und geistigen Fitness umgehen? Nehmen wir an, Sie schaffen Ihr Examen mit einer runden Eins und beim nächsten Triathlon stehen Sie auch auf dem Treppchen.«

»Tja, das weiß ich nicht so recht. Er studiert ja Betriebswirtschaft. Aber weder weiß ich, in welchem Semester er sich befindet, noch habe ich ihn je in der Uni gesehen. Er ist schlank, sieht gut aus, macht wohl ein bisschen Bodybuilding, aber er ist noch nie mitgekommen, wenn ich zum Schwimmen, Joggen oder Radfahren aufgebrochen bin. Wenn ich jetzt ehrlich sein soll, so fällt mir im Augenblick auf, dass er sich über meinen Fleiß, sei es im Studium, sei es beim Sport, immer ein wenig lustig gemacht hat. Ich sei wohl vom Ehrgeiz zerfressen, hat er mir schon einmal vorgeworfen.«

»Sie sagten vorhin, dass Sie Ihren Freund an Ostern vor zwei Jahren kennen gelernt haben. Können Sie sich noch erinnern, wer wen entdeckt hat? Und vor allem, was Sie an ihm so fasziniert hat?«

»Im Grunde eine unmögliche Geschichte: Ich saß sonntagmorgens mit meiner Freundin im Interconti beim Brunch. Da kam aus dem Nichts heraus Roberto an unseren Tisch, fragte entwaffnend lächelnd, ob hier noch ein Platz frei sei, obwohl es noch einige unbesetzte Tische gab, und ohne eine Antwort abzuwarten, ließ er sich dann auf dem Stuhl neben mir nieder.

Ich wollte ihm zu verstehen geben, dass ich mit meiner Freundin ungestört sein möchte, aber schon hatte er mich in ein Gespräch über das Medizinstudium verwickelt und der Ober kam mit drei Kir Royal an. Ich gab den Widerstand auf. Später gestand er mir übrigens, dass er den Ober über uns ausgefragt hatte. Da wir beide uns ab und zu dort trafen und auch mit dem Personal ins Gespräch gekommen waren, hatte Roberto natürlich leichtes Spiel.

Nun, er blieb dann über Nacht bei mir, ließ sich am nächsten Morgen noch mit einem guten Frühstück verwöhnen und verschwand: Dringende finanzielle Transaktionen erforderten angeblich seine Anwesenheit an der Börse. So geht es nun seit über zwei Jahren. Mal wohnt er bei mir, dann wieder in seiner Wohnung. Und was er tatsächlich treibt, weiß ich im Grunde bis heute noch nicht. Andererseits kann er aber auch wieder sehr lieb sein, und wenn ich ihm mal böse sein will, so wischt er alles mit einem Lachen weg und wir landen dann auch meistens wieder im Bett. Was mir an ihm so gefällt, ist seine spielerische Leichtigkeit. Immer ist er gut drauf und dabei weiß er ganz genau, was er will, was er braucht.«

»Wie viel Sicherheit gibt er Ihnen?«, wollte jetzt unvermittelt Julia wissen.

Petra stutzte und sank fast unmerklich in ihrem Sessel zusammen. Ihre Augen wurden feucht.

»Warum wollen Sie das wissen?«, begann Petra ausweichend zu antworten. »Ich bin im guten Sinne eine emanzipierte Frau, in absehbarer Zeit werde ich als Ärztin mein eigenes Geld verdienen und so nie von einem Mann abhängig sein. Von Kindesbeinen an wurde ich zudem zur Selbstständigkeit erzogen und übernahm schon früh die Verantwortung für meine jüngeren Geschwister. Für meine Sicherheit kann ich selbst geradestehen.«

Julia ließ nicht locker. »David Bus, ein amerikanischer Psychologe, hat mit seinen Teams weltweit über zehntausend Frauen befragt, was sie sich von einem Mann erhoffen, und erhielt immer wieder die gleiche Antwort: Sicherheit. Sogar beruflich sehr erfolgreiche Amerikanerinnen, die als Rechtsanwältinnen oder Managerinnen in leitenden Positionen tätig waren, bildeten da keine Ausnahme. Auch sie fühlten sich vor allem von Männern angezogen, die über einen hohen gesellschaftlichen Status und eine dickes Bankkonto verfügten.

Aus biologischer Sicht macht dies auch einen Sinn, denn zumindest bis vor kurzem konnte ein Frau ohne den Schutz eines Mannes ihre Kinder nicht groß bekommen. Die Tatsache, dass es uns Frauen heutzutage möglich ist, Kinder auch allein großzuziehen, hat sich in unseren Genen noch nicht herumgesprochen. Ich schätze, dass so etwas mehrere hunderttausend Jahre dauert. Insofern können wir davon ausgehen, dass Frauen aufgrund ihres genetischen Erbes von potenziellen Partnern gewisse Sicherheitsgarantien haben möchten. Das heißt natürlich nicht, dass sie einen Mann suchen, der sie ein Leben lang aushält, aber ganz außer Acht können wir unser biologisches Erbe wohl auch nicht lassen.

Wie Sie sehen, bin ich ja nun auch schon etwas älter. Trotz Kindererziehung habe ich die meiste Zeit in meinen Beruf gearbeitet und mein eigenes Geld verdient und dennoch wusste und weiß ich es zu schätzen, dass ich mich bei meinem Mann ab und zu mal anlehnen kann.«

»So habe ich das ja noch nie gesehen«, meinte Petra. »Und, Julia, Sie rühren da etwas ganz Fundamentales in mir an. Meine Mutter war, wie ich vorhin schon sagte, medizinisch gesehen kerngesund. Und doch kränkelte sie dauernd vor sich hin. Mal ein bißchen Migräne, dann wieder Ischias oder Unterleibsbeschwerden oder eine depressive Verstimmung. Vielleicht habe ich mich auch deshalb entschlossen Medizin zu studieren. Auf jeden Fall war Mutter für mich nie eine Quelle von Sicherheit. Ganz im Gegenteil, ich war stets für mich allein verantwortlich, und oft genug musste sogar ich sie trösten und ihr die kleineren Geschwister abnehmen, weil ihr mal wieder alles zu viel wurde.«

»Geborgenheit? – Was fällt Ihnen zu diesem Begriff ein?«, hakte Julia nach.

Petra überlegte lange hin und her und fand die Antwort: »Natürlich wieder Sicherheit, aber auch Vertrauen und vielleicht noch Wärme!«

»Mit dieser Definition«, fuhr Julia fort, »bestätigen Sie die neusten Forschungsergebnisse. Hans Mogel, ein Psychologieprofessor aus Freiburg, befragte nämlich einige hundert Männer und Frauen, was sie denn unter dem Wort Geborgenheit verstehen würden. Sein Ergebnis: Frauen nannten an erster Stelle Sicherheit, gefolgt von Wärme, Wohlbefinden und Vertrauen. Bei Männern sah das Ergebnis folgendermaßen aus: Den ersten Platz belegte Sicherheit, den zweiten Wärme, den dritten und vierten Rang Freundschaft und Vertrauen.

Es scheint also, dass wir Menschen Geborgenheit so lebensnotwendig brauchen wie die Luft zum Atmen. Warum dies so ist, darüber kann man spekulieren. Vielleicht hängt dies mit unserer Fähigkeit zur Selbsterkenntnis zusammen, denn jedes Lebewesen, das sich seiner selbst bewusst wird, erlebt sich auch als ein von anderen getrenntes Lebewesen. Diese Gewissheit ruft das schreckliche Gefühl der Einsamkeit hervor, und anhaltende Einsamkeit – das wiederum wissen Sie als Medizinerin am besten – macht krank und verkürzt das Leben. Wenn Sie so wollen, Petra, ist Geborgenheit das Heilmittel gegen Einsamkeit.«

»Ihr macht mich hier ganz schön fertig«, wehrte sich Petra. »Denn wenn ich all dies, was ich hier höre, in letzter Konsequenz zu Ende denke, heißt das doch nichts anderes, als dass ihr mir meinen Roberto mies machen wollt. Ich liebe ihn doch! Er kann immer wieder ein so reizender Kerl sein, voller Ideen und Spontaneität. Sicherlich, die Zuverlässigkeit hat er nicht erfunden …

Andererseits spüre ich, wie ich mich bei euch zunehmend geborgen fühle. Das ist etwas völlig Neues und sehr Angenehmes für mich! – Aber was hat denn dies alles mit meinem Unterleib zu tun? Da sehe ich nun noch überhaupt keinen Zusammenhang!«

Dies war ein Stichwort für mich und so konnte ich fortfahren: »Die psychosomatische Medizin geht heute davon aus, dass eine anhaltende Enttäuschung, die eine fortwährende Anspannung erzeugt, einer der wichtigsten psychologischen Faktoren ist, durch die die Entstehung von Krankheiten wenn nicht verursacht, so doch begünstigt wird. Meine Hypothese für Ihre Erkrankung lautet demnach, dass Sie, Petra, all Ihre Unterleibsbeschwerden in dem Augenblick verlieren, in dem es Ihnen gelingt, von Roberto Geborgenheit und Sicherheit zu bekommen.«

»Wissen Sie, Petra, wann beziehungsweise in welcher Situation wir Frauen ein Maximum an Geborgenheit empfinden?«, schaltete sich jetzt wieder Julia ein.

»Wie soll ich das wissen? So etwas Ähnliches wie Geborgenheit habe ich mir bisher stets über Leistung und Spitzenergebnisse verschafft. Letztlich befriedigend waren all meine sportlichen und beruflichen Erfolge – wenn ich jetzt einmal genauer darüber nachdenke – wohl aber doch nicht. Das fühlt sich im Augenblick eher wie ein Surrogat an, wie eine Art ›Lachsersatz‹.«

»Auch hier wartet Hans Mogel mit seiner Forschung über das Thema Geborgenheit wieder mit einem Ergebnis auf, das ich aus meinem Erleben als Frau nur aus ganzem Herzen bestätigen kann. Die Antwort lautet: In den Armen eines geliebten Mannes!«

Wieder griff Petra nach ihrem Taschentuch. Der ganze sorgfältig aufgetragene Lidschatten war inzwischen ein Opfer ihrer Tränen geworden. Ihre Gesichtszüge schienen jetzt jedoch weit gelöster als zu Beginn der Beratung. Sie lächelte häufig, aber irgendwie verbarg sich dahinter eine ungeheure Anspannung.

»Sie haben nie die innige Umarmung eines Menschen genossen?«, setzte Julia noch einmal nach.

»Oh ja, doch! Jetzt erinnere ich mich. Meine Großmutter mütterlicherseits, das war eine richtige Märchenbilderbuch-Omi. Wenn ich bei ihr zu Besuch war, so gab es nur eines:

Kuscheln! Ich weiß noch, als sie starb, da brach für mich eine Welt zusammen.«

»Auf die kommende Frage brauchen Sie nicht zu antworten. Aber wenn Sie stark genug sind, so hätte ich gerne noch gewußt, wie Roberto sie liebt. Natürlich nicht im Detail, sondern eher in groben Umrissen.«

Petra schaute mich fragend an.

»Soll ich solange hinausgehen und Sie handeln das Thema unter sich Frauen allein ab?«, bot ich ihr an.

Petra lächelte müde. »Ist schon gut so. Wir beide sind doch Mediziner. Nutzen wir einmal diese Brücke. Also: Roberto hat es immer sehr eilig. Kurz ein wenig an meinen Brustwarzen und der Klitoris rumgerubbelt, dann wird rasch penetriert und ruck, zuck hat er seinen Orgasmus. Anschließend schläft er ein oder er hat dringend irgendetwas vor.

Wo ich bei der ganzen Geschichte bleibe, das scheint ihn weniger zu interessieren. Innige Umarmungen scheut er wie der Teufel das Weihwasser und zu zärtlichen Körperkontakten kommt es nur im Hinblick auf das eine Ziel.«

»Ich sehe, Sie haben einen sehr klugen Körper«, unterbrach Julia nach einer Weile des Schweigens die Stille.

»Wie das denn?«, fragte Petra nach.

»Nun, nachdem Sie sich nicht selbst gegen die permanenten Misshandlungen durch Roberto zur Wehr gesetzt haben, hat dies in Form Ihrer vielen Entzündungen der Körper stellvertretend für Sie übernommen. – Die Weisheit Ihres Körpers!«

»Wenn ich solche Theorien im Staatsexamen zum Besten gäbe, könnte ich gleich einpacken«, schnaubte Petra und schaute mich vorwurfsvoll an.

»Seien Sie Forscherin, seien Sie neugierig«, machte ich ihr Mut. »Bitten Sie Roberto, er möge in Zukunft versuchen anders mit Ihnen umzugehen. Er sollte viel Zeit für Sie

haben. Es sollte ihm ein Vergnügen sein, einen Beitrag dazu zu leisten, dass die gemeinsamen Stunden für beide sehr schön sind. Er sollte es fertig bringen, Sie ausreichend oft intensiver und länger in die Arme zu nehmen, ohne gleich nach dem Bett zu schielen. Er sollte Achtung vor Ihnen entwickeln und Sie nicht mehr nur als seine Entsorgungsstation missbrauchen. Für Sie sollte er in Zukunft zum Experten für ›Sicherheits- und Geborgenheits-Produktion‹ werden. Dazu gehört auch, dass er offener und ehrlicher über seine beruflichen Aktivitäten und Absichten spricht.

Wenn all dies eintritt und Sie anschließend gesund werden, dann müsste doch nach Adam Riese an der hier vorgetragenen Theorie zumindest etwas dran gewesen sein?

Eines möchte ich aber noch ausdrücklich betonen: Denken Sie jetzt bitte nicht, dass Roberto schuld ist an Ihrem Leid. Sie waren und sind es ja letztlich, die das alles hat mit sich machen lassen! Roberto können Sie nicht ändern. Aber wenn Sie sich ändern, muss auch er zwangsläufig irgendwie darauf reagieren. Wenn nicht, dann könnte es passieren, dass Sie ihn auf einmal weniger attraktiv finden.

Anders formuliert: Wenn mir in meinem Leben heute etwas schief läuft, überlege ich sofort, welchen Anteil ich selbst an dem unliebsamen Ereignis hatte, denn meinen Anteil kann ich in den allermeisten Fällen ändern. Es ist reine Zeitverschwendung, sich nur über den anderen aufzuregen. In der Zeit hätte man schon längst …«

»Schon gut. Ich hab's kapiert«, wehrte Petra ab. »Aber eine Frage müssen Sie mir heute bitte noch beantworten. Wann oder wie erleben Männer ihren Höhepunkt an Geborgenheit?«

»Wenn ihr Glied in der Scheide einer Frau ruht – ich betone – ruht. Nicht exotische gymnastische Verrenkungen oder olympiareife Stoßleistungen beziehungsweise Mega-Orgasmen sind gefragt, sondern einfaches Ruhen.

Ich will ganz offen sagen, dass ich manchmal schon gedacht habe, es wäre alles viel einfacher, wenn auch wir Männer, genau so wie die Frauen, unseren Geborgenheitshöhepunkt in einer Umarmung finden könnten. Viel Stress bliebe beiden Geschlechtern erspart. Wenn dem aber so wäre, gäbe es dann noch die Menschheit?«

»Ich glaube, das reicht für heute«, gestand Petra. »Wann darf ich wieder kommen?«

Wir verabredeten einen neuen Termin in fünf Wochen. Dann begleitete ich Petra zur Tür.

***

Julia schaute mich fragend an. »Geht das immer so schnell?«

»Mit Sicherheit nicht! Diese Arbeit mit Petra heute würde ich als eine Sternstunde bezeichnen. Es passte aber auch alles zusammen. Sie hatte bereits einen langen Leidensweg hinter sich und alle klassisch medizinischen Karten ausgereizt. Dann lernte sie jemanden kennen, der hier bereits mit Erfolg abgeschlossen hat; das baut Ängste ab und fördert Vertrauen. Und nicht zuletzt, Julia, waren Sie es selbst, die Petra mit Ihren knappen, präzisen und emotionslosen Fragen ein paar Mal mitten ins Herz getroffen hat.

Aber seien wir nicht voreilig. Ein Berater kann nie abschätzen, was denn letztlich als Botschaft ›drüben‹ angekommen ist. Mir ist es schon passiert, dass ich selbst mit einer Stunde hoch zufrieden war, und am nächsten Tag kam ein Anruf mit der Bitte, die ganze weitere Beratung zu streichen. Und umgekehrt bin ich schon manches Mal abends völlig geknickt nach Hause gefahren mit der Idee, dass ich für die letzte Stunde eigentlich das Geld zurückgeben müsste, und später verrieten mir die Leute dann, dass es genau jene Stunde war, die für sie die entscheidende Wende herbeigeführt hätte …

Noch eine Frage?«

»Oh ja. Sie waren wohl vorhin mit meiner Intervention einverstanden, dass wir Frauen es lieben, wenn Mann Zeit für uns hat. Können Sie mir verraten, was Männer brauchen?«

»Lob, Anerkennung, Würdigung! – Ich glaube, dass wir Männer uns unserer relativen Bedeutungslosigkeit auf diesem Planeten mehr oder weniger bewusst sind. Aus biologischer Sicht gesehen verfolgt die Natur ja nur das eine Ziel, nämlich die Weitergabe von Genen. Frauen haben immerhin die Gewissheit, dass das Kind, das sie austragen, ihr eigenes ist, dass ihre Gene also weiterleben werden. Für uns Männer hingegen – das wussten schon die Römer – gilt: Der Vater ist immer ungewiss.

Um der Vergessenheit nicht anheim zu fallen, bauen wir Männer – im günstigsten Fall – Pyramiden und Dome oder schreiben Bücher. Unser Drang, uns selbst und anderen die eigene Wichtigkeit ständig vor Augen zu führen, äußert sich jedoch auch weniger spektakulär: Zum Beispiel, wenn wir Militärparaden abnehmen, medienwirksame Gruppenfotos von Weltwirtschaftsgipfeln veröffentlichen, oder noch viel einfacher in all den Rangordnungs- und Statussymbolen, die uns im öffentlichen Dienst, an der Hochschule oder in Großkonzernen begegnen.

Mit anderen Worten, wenn Frau das Tun eines Mannes ein klein wenig bewundert, kann sie aber auch alles von ihm haben.«

Fünf Wochen später: Petra kommt zum zweiten Beratungsgespräch

»Petra, wenn Sie bitte mit einem Bericht, wie Sie unser letztes Beisammensein erlebt haben, starten. Ich bitte um kritische Anmerkungen, Lob vertragen wir allerdings auch. Was hat sich in der Zwischenzeit ereignet und mit welchem Auf-

trag kommen Sie heute hierher? Ihre grundsätzliche Bitte, all Ihre Unterleibsbeschwerden loszuwerden, ist uns bekannt, aber es könnten sich ja noch neue Aspekte ergeben haben. Vergessen Sie nicht, Sie strukturieren hier wesentlich mit!«

»Ich befürchte, dass die Doppelstunde nicht ausreicht, all das zu berichten, was sich inzwischen ereignet hat. Zuerst einmal war ich stocksauer auf Sie beide. Da sitzen zwei wohl glücklich verheiratete und beruflich arrivierte Grufties und zerfetzen mir meinen Roberto, in den ich doch so viel investiert habe. Ich hatte Ihnen ja gar nicht erzählt, dass ich Roberto zu großen Teilen durchfütterte. Theaterkarten, Konzerte, Restaurants und so weiter gingen meistens auf meine Rechnung, obwohl er durch seine dubiosen Geschäfte so arm gar nicht sein konnte. Aber irgendwie schaffte er es immer, dass ich mein Portemonnaie zuerst fand. Für seine Wäsche war ich auch zuständig, und wenn ich nicht auf seine Kleidung aufgepasst hätte, er wäre wie ein Penner herumgelaufen ...

Und dann soll all dies Bemühen um ihn für die Katz gewesen sein?! Noch am gleichen Abend nahm ich mir vor, Sie am nächsten Morgen anzurufen und die ganze Beratung abzubrechen.

Dann aber, wie der Zufall so spielt, hatte ich nachts einen großartigen Traum: Ich sah einen wunderbaren Park. In der Mitte eine herrliche, vor Kraft strotzende Wiese. Darum herum mächtige Buchen und Eichen, und die ganze Szenerie war in helles Sonnenlicht getaucht. Eine wahre Farbenpracht. Ich wusste sofort, die saftige Wiese und die wuchtigen Bäume, das bist du! Die reinste Energie und Lebensfreude! Aber in der Mitte der Wiese, da stand ein jämmerlicher Schuppen, halb verfallen, altersschwach und modrig. Und auf einmal, wie im Zeitlupentempo, begann diese Hütte in sich zusammenzufallen. Ich wusste sofort, das ist Roberto! Diese verrottete Scheune, die passte gar nicht auf den herrlichen Mutterboden. Mit einem Jauchzer der Begeisterung wachte ich auf und wusste auch gleich, was zu tun ist.

Nebenbei möchte ich aber aus Gründen der Gerechtigkeit anmerken, dass ich beim Frühstück – ich war allein – merkte, dass nicht Sie beide mir den Roberto in einem anderen Licht aufgezeigt haben. Nein, allein durch Ihre Fragen habe ich selbst ihn so geschildert, wie ich ihn bisher nicht hatte wahrhaben wollen.

Nun halte ich viel von Fairness und wollte ihm zumindest noch einmal eine Chance geben: Ein paar Tage später arrangierte ich bei mir zu Hause ein wunderbares Abendessen, ein Wildgericht mit frischen Pfifferlingen und einem guten Wein, und zum Dessert gab es das Abhören des Tonbandes. Zuerst wollte er davonrennen. Aber dann, ich kannte mich selbst nicht wieder, habe ich ihn energisch aufgefordert, dieses eine Mal auf meinen Wunsch einzugehen und zu bleiben. Ich drohte ihm, dass er andernfalls nie mehr wiederkommen bräuchte. So verdutzt habe ich ihn noch nie gesehen.

Nun, am Anfang hat er sich das Geschwätz, wie er es nannte, ganz amüsiert angehört, aber dann passierte etwas ganz Schreckliches. Bei der Passage, wo ich schildere, wie er mit mir sexuell umgeht und dass dies eventuell eine Mitursache für all meine Beschwerden sein könnte, sprang er auf einmal hoch, riss das Tranchiermesser an sich und wollte mit einem völlig irren Blick auf mich losgehen. Warum, weiß ich nicht, aber im letzten Moment bekam er sich wieder in den Griff, warf das Messer in eine Ecke und verließ türschlagend die Wohnung. – Seither habe ich ihn nicht wieder gesehen.

Mit seinem Abgang wurde mir schlagartig klar, was ich bisher auch immer verdrängt hatte: Roberto hatte es nie vertragen, kritisiert zu werden, und er hatte sich stets erfolgreich geweigert, für irgendetwas die Verantwortung zu übernehmen.

Tja, und seitdem mich Roberto verlassen hat, sind auch

meine Beschwerden nahezu weg! Mit dem Training für Triathlon habe ich wieder begonnen. Arbeiten und Lernen machen auch wieder Spaß. Die Sonne scheint kräftig in meinen baumumstandenen Park, und ich ertrage es erst einmal, dass da noch kein Haus steht. Das nächste Mal soll es aber ein etwas anspruchsvolleres sein!

Nach dem Eklat mit Roberto habe ich meine Verflossenen Revue passieren lassen – und siehe da, fast allen meinen Beziehungen lag das gleiche Strickmuster zugrunde. Immer war ich die Fürsorgliche, Umsorgende, Verantwortungsbewusste und er – es tut weh, es sich einzugestehen – der gnadenlose Egoist. Na ja, und was die Sexualität anbelangt, so habe ich mich stets nur benutzen lassen, im Grunde gab es nie ein liebevolles Miteinander-Umgehen. Ich blieb immer unbefriedigt!

Die Frage ist jetzt, was kann ich tun, um mir in Zukunft solche Pleiten zu ersparen. Bisher scheine ich wohl stets auf den gleichen Typ hereingefallen zu sein.«

»Darf ich wieder mal was fragen?«, schaltete sich Julia ein.

»Wenn es auch wehtun kann, ich weiß jetzt, dass Sie es gut mit mir meinen. Also auf geht's.«

»Wie wurde in Ihrer Familie mit der Körperlichkeit, mit Schmusen bis hin zum Thema Sex umgegangen und wie sehr wurden Sie als ein weibliches Wesen gewürdigt?«

»Da stechen Sie aber wieder gelungen in ein Wespennest. Mein Elternhaus ist ein streng katholisches. Ich glaube, das sagt wohl alles. Unterhalb des Kinns gab es praktisch keinen Körper. Das war alles Pfui. Zärtlichkeiten oder eine Umarmung zwischen meinen Eltern habe ich nie gesehen, und uns Kindern wurde mehr oder weniger suggeriert, dass wir wohl durch Jungfernzeugung zustande gekommen seien. Tatsächlich habe ich jedenfalls lange geglaubt, dass Kinder durch Küssen entstehen und mein erster Freund hatte es gewiss nicht leicht mit mir. Zu meiner großen Belustigung fand ich übrigens später heraus, dass die Zeit zwischen dem Hochzeitstermin meiner Eltern und meiner Geburt arg knapp ist. Sie selbst haben sich zu diesem Thema allerdings niemals geäußert.

Tja, und der Körper ist dazu da, hier auf der Erde Gutes zu tun, sich verdient zu machen, zu funktionieren. Was mein Geschlecht betrifft, so merke ich eben, bin ich völlig verwirrt. Einerseits, wie oben angedeutet, war und ist mein Elternhaus ein extrem körperfeindliches. Andererseits habe ich dagegen bald bemerkt, dass ich von meinem Vater fast alles bekommen konnte, wenn ich hübsch zurechtgemacht im Dirndlkleid auftrat. Als ich älter wurde, bemerkte ich auch, dass er meine zunehmenden Rundungen mit einem verstohlenen Genuß würdigte. Der arme Kerl. Einmal hat ihn meine Mutter bei einem zu tiefen Blick in mein Dekolleté erwischt. Da bekam er aber was zu hören.

Das Sonderbare ist, dass mein Vater aber auch strahlte, wenn ich in Lederhosen mit den Jungs auf den Bäumen rumtobte. Irgendwie eine verrückte Welt. Meiner Mutter war ich als Magd stets hochwillkommen. Sie hat über das Los der Frauen immer nur gestöhnt. Alles war ihr zu viel und so kam ich ihr als Haushaltshilfe gerade recht.

Ich weiß manchmal selbst nicht genau, wo ich nun stehe, zumal ich mich ja täglich in dem von männlichen Hierarchien dominierten Medizinbetrieb bewegen und durchsetzen muss. Wenn ich über all die widersprüchlichen Erfahrungen nachdenke, bin ich verunsichert, aber ich glaube, dass ich mich nur geliebt fühle, wenn meine Sexualität – beziehungsweise das, was ich dafür gehalten habe – angenommen wird. Die Männer hatten da wohl oft ein leichtes Spiel mit mir.

Sie möchten etwas sagen, Julia?«

»Allerdings. So ganz langsam wird mir unwohl, zuhören zu müssen, wie lieblos Sie mit sich und Ihrem Körper umgehen. Ihre Kindheitserfahrungen in Ehren. Aber heute sind

Sie erwachsen und damit selbst für Ihren Umgang mit sich verantwortlich!

Trotz aller Weitergabe von Genen, so glaube ich doch, dass wir Frauen mehr sind als die Vagina. Auch wenn die Männer nur in uns ihre Geborgenheit finden. Vielleicht lesen Sie einmal das Büchlein des Darmstädter Philosophen Gernot Böhme ›Briefe an meine Töchter‹. Hier breitet ein Mann (!) recht einfühlsam seine Gedanken aus, wie eine zukünftige, emanzipierte Frau aussehen könnte. Manches finde ich als Frau ganz interessant und bedenkenswert.

Weiterhin möchte ich Ihnen Mut machen, einmal in Ihrem Bekanntenkreis herumzuschauen, ob es da nicht weibliche Wesen gibt, die ihr Frausein bewusst ausleben. Es ist wahr, wir Frauen sind über die Jahrtausende hinweg für unsere spezifisch weiblichen Qualitäten nur benachteiligt und bestraft worden, deswegen aber macht es für mich noch keinen Sinn, die Männer nun im Mannsein überholen zu wollen und unsere ureigenen Ressourcen zu vernachlässigen oder gar zu verleugnen.

Denken Sie nach und suchen Sie sich eine Frau aus, die Ihnen wegen ihrer weiblichen Qualitäten als Vorbild dienen kann, mit der Sie sich identifizieren können. Ihre Mutter kommt dafür wohl kaum in Frage, also liegt es jetzt an Ihnen, dieses Bild in sich zu verändern.

Wenn Sie also in Zukunft wieder einen jungen Mann kennen lernen, halten Sie erst einmal Ihre weiblichen Reize zurück – Zuneigung erringt man nicht durch ein tiefes Dekolleté. Prüfen Sie, ob der Kandidat bereit und in der Lage ist, Sie als Mensch zu würdigen, ob er Zeit für Sie aufbringt und auch einmal damit zufrieden beziehungsweise glücklich ist, wenn er Sie ausgiebig und fest in die Arme nehmen darf. Sie kennen vielleicht den schönen Satz: ›Willst du einen Prinzen kennen lernen, musst du viele Frösche an die Wand klatschen!‹

»Diese Bemerkung veranlasst mich, noch hinzuzufügen, dass es die Frauen sind, die entscheiden, ob aus einer Begegnung zwischen Mann und Frau eine tiefere Beziehung wird oder nicht. Diese These zumindest ist nicht nur durch die Forschungsarbeiten von Frau Tramitz bestätigt worden, sondern sie erscheint auch aus biologischen Gründen plausibel. Schließlich tragen Frauen, die eine Beziehung eingehen, ein höheres Risiko als Männer. Erstens können sie sich ›nur‹ über rund vierhundert Eizellen weitergeben, während der Mann Milliarden an Samen zu vergeben hat. Eine Frau muss also sorgsamer und gewissenhafter mit ihren Ressourcen umgehen. Zweitens konnte Frau, zumindest noch bis vor kurzer Zeit, an einer Schwangerschaft, Geburt zugrunde gehen, und drittens, Gleichberechtigung hin oder her, muss die Frau weit mehr in die Nachkommen investieren als der Mann.

Petra, Sie erzählten damals, dass Roberto Sie im Interconti sozusagen überrumpelt hat. Für die Zukunft möchte ich Ihnen Mut machen, dass Sie entscheiden, wer Ihnen in Ihrer Nähe genehm ist oder nicht. – Apropos Nähe. Wie gut konnten Sie Roberto riechen?«

»Wenn ich ehrlich bin, nicht so gut. Aber jetzt weiß ich, auf was Sie hinauswollen. Vor zwei, drei Jahren gingen ja diese Forschungsergebnisse durch die Presse, dass der Körpergeruch eines Warmblüters von seinem ihm ureigenen Immunsystem abhängt. Liegen nun zwei Immunsysteme zu weit auseinander, so ›beißen‹ sich die körperlichen Ausdünstungen, und eine zunehmend unüberwindbare gegenseitige Abneigung baut sich auf. Die alte Redensart, dass man jemanden nicht riechen kann, hat so im Nachhinein ihre wissenschaftliche Bestätigung gefunden. Ich wollte dies alles nur nicht wahrhaben, auch wenn ich Roberto, bevor wir ins Bett gingen, gelegentlich bat, er möge sich duschen. Aber dann war er schon in mir.«

»Noch eine Anmerkung zum Thema Nähe, die ich Ihnen

zu bedenken geben möchte. Wie gut kann Roberto Nähe ertragen?«

»Schlecht oder vielleicht sogar überhaupt nicht. Außer wenn er mit mir schlafen wollte, hielt er mich immer auf Distanz. Oder wie Sie sagen – habe ich mich auf Distanz halten lassen. Nicht nur rein körperlich konnte er kaum Nähe zulassen, sondern auch im Gespräch war er immer woanders. Ich habe mich oft darüber geärgert, dass er dauernd das Thema wechselte, sich nie auf eine Äußerung, die er eben noch gemacht hatte, festnageln ließ. Ich glaube, er fühlte sich dauernd angegriffen. Dann, so sehe ich jetzt ein, ist es aber auch sinnvoll, sich die Leute weit vom Hals zu halten, keine Nähe zuzulassen. Wenn ich all dies jetzt so überdenke, wird mir auch klar, warum zwischen uns beiden keine Geborgenheit entstehen konnte. Roberto war aus irgendeinem Grund blockiert. Er konnte Nähe kaum ertragen und schon gar nicht genießen; und ich, ich suchte zwar die Nähe, aber als ich sie nicht finden konnte, gab ich mich vorschnell damit zufrieden, fürsorglich und nützlich sein zu können. Kein Wunder, dass Roberto mir häufig vorwarf, dass ich immer so angespannt, so ungemütlich und ruhelos sei …«

»Wir kommen zum Ende der heutigen Sitzung, und so darf ich Sie zusammenfassend auf folgende drei Punkte aufmerksam machen. Julia und ich haben den Eindruck, dass Sie in den nächsten Monaten, es können auch zwei, drei Jahre sein, an diesen drei Aufgaben zu arbeiten, zu üben haben:

Erstens, überwinden Sie die Angst vor Ihrem Körper! Lernen Sie besonders die Körperregionen unterhalb des Kinns zu würdigen und zu lieben. Ich sehe übrigens häufig, dass – neben einer erblichen Veranlagung – besonders diejenigen Körperorgane zur Krankheit neigen, die in der Kindheit nicht herzlich willkommen geheißen wurden.

Zweitens, trainieren Sie Selbstzufriedenheit. Sie haben uns eindrücklich geschildert, dass Sie zu Hause Anerkennung nur dann erhielten, wenn Sie sich nützlich machten. Es war wohl eher die Ausnahme, dass Sie mit sich selbst zufrieden waren und dafür auch noch gelobt wurden. Konsequenterweise erleben wir Sie permanent mit sich unzufrieden, das heißt, Sie hecheln von Einsatz zu Einsatz und wünschen sich doch im Grunde Ihres Herzens, dass sich endlich einmal ein anderer für Sie schön macht.

Und hier hinein greift auch gleich die dritte Aufgabe. Bisher war es Ihnen wohl verboten, mit anderen unzufrieden zu sein. Sie haben es sich weder erlaubt, andere um etwas zu bitten, Ihre Ansprüche anzumelden, noch haben Sie je Ihren Unmut über das Verhalten Ihres Gegenübers klar und deutlich kundgetan.

Kürzer formuliert: Erlauben Sie sich in Zukunft mehr Zufriedenheit mit sich selbst und mehr Unzufriedenheit mit anderen!

Es gilt der Satz: ***Je mehr Sie sich selbst lieben, je zufriedener Sie mit sich selbst sind, desto eher werden Sie die Liebe anderer Menschen anziehen!***

Wann wollen wir uns wieder sehen?«

»Ich habe den Eindruck, dass Sie beide mich mit Aufgaben entlassen, die zu bewältigen ich Monate benötigen werde. Ich komme wirklich gerne wieder. Jetzt aber brauche ich erst einmal Zeit, um all dies zu verdauen und abzuarbeiten. Außerdem habe ich ja von Ihnen die Zusicherung, dass ich im Notfall jederzeit anrufen kann. Ich werde mich zu gegebener Zeit wieder melden.«

»Bis dahin, alles Gute, Petra!«

***

»Dr. Frederich, da haben Sie aber Glück gehabt! Wie hätten Sie eine ermordete Petra verantworten können?«

»Ich behaupte, dass es auch im Bereich der klassischen Medizin wohl kaum einen Kollegen gibt, der absolut frei von Schuld ist. Wir Ärzte können uns ›nur‹ maximal anstrengen, so wenige Fehler wie möglich zu machen. Und stets gehört auch ein Quäntchen Glück dazu.

Seien Sie bitte sicher, dass ich dies nicht leichtfertig sage. Aber immer wieder gibt es Situationen, bei denen ich vor der Entscheidung stehe: Tue ich nichts, geht es höchstwahrscheinlich schief, unternehme ich etwas, kann es gut gehen oder auch nicht. Die Geschichte von Petra allerdings zeigt wieder einmal auf, wie wichtig, ja sogar lebensnotwendig es ist, dass möglichst alle Beteiligten zu einer Beratung kommen: Kein Mensch existiert ja isoliert von anderen, wir alle sind in unterschiedliche soziale Gefüge eingebunden – sei es nun innerhalb der Familie, am Arbeitsplatz oder im Freundeskreis. Wo immer also ein Einzelner für sich allein eine Veränderung anstrebt, muss er damit rechnen, Auseinandersetzungen zu provozieren. Unter Umständen stößt er dabei – wie im Fall von Petra – sogar auf den erbitterten Widerstand derjenigen, die im eigenen Interesse die Veränderung nicht zulassen wollen. Man kann sich das vorstellen wie ein Mobile: Sobald sich eine Figur bewegt, bringt dies sofort auch alle anderen Körper in Bewegung. Sperren sich die anderen Figuren gegen ein Sichmitbewegen, so bricht das Gestänge. Die Familienberatung versucht diesem Umstand Rechnung zu tragen, indem sie den Menschen stets als Teil eines Netzwerkes betrachtet.

»Bleiben wir für einen Augenblick noch einmal bei Ihrer Verantwortung als Berater. Mich beschäftigt noch eine andere Frage, denn mir ist aufgefallen, dass Sie Petra nur ganz vage Anregungen gegeben haben, wie etwa: ›Lernen Sie Ihren Körper, Ihre Sexualität lieben‹ oder ›Bauen Sie Ihre Angst vor Selbstzufriedenheit ab‹ und so weiter. Ist das nicht ein bisschen wenig?«

»Das mag schon sein, aber wir Berater haben unseren Klienten keine Vorschriften zu machen und uns steht auch keine Meinung über ihre Entscheidungen zu. Wir müssen uns darauf beschränken, die grobe Richtung vorzugeben, und es dem Klienten überlassen, den für ihn richtigen Weg zu finden. Ich habe es immer wieder erlebt, dass Klientenfamilien zu Lösungen kamen, die mir im Traum nicht eingefallen wären. Allerdings habe ich auch schon Menschen sterben sehen, weil sie es nicht schafften, sich aus Beziehungen zu lösen, die sie letztlich umbrachten – zu groß war die Angst vor der Konfrontation, vor der Veränderung. Auch wenn es vielleicht grausam erscheint, ein Berater hat hier zu schweigen! Auch nach Hunderten von Beratungsstunden kennen wir Menschen noch viel zu wenig, um verantwortlich für sie zu entscheiden. Alles, was wir tun können, ist, ›den Atem anzuhalten‹, wenn ein Klient sein Schicksal in die Hand nimmt und etwas Neues, für ihn Bekömmlicheres wagt.

Wir müssen Vertrauen haben in die Kreativität der Leute. Erst wenn ich merken sollte, dass meine Anregungen zu global waren, um verstanden zu werden, darf ich dies in einer der nächsten Stunden vorsichtig korrigieren.

Ich kann Ihnen dies an einem Fall aus den Anfängen meiner familientherapeutischen Beratungszeit sehr schön veranschaulichen:

Ein junges Pärchen, seit knapp drei Jahren verheiratet, suchte meine Beratungspraxis auf. Auch diese Frau litt unter therapieresistenten Blasenentzündungen. Bereits in der ersten Beratung stellte sich heraus, dass die Eltern des Mannes dem jungen Paar zur Hochzeit ein Haus finanziert hatten. Die beiden jungen Leute wohnten oben, die ältere Generation unten. Im ganzen Haus gab es keine Schlüssel.

Die Schwiegermutter hatte nun die Angewohnheit, ohne Vorwarnung durch alle Zimmer zu sausen. Natürlich waren die beiden dabei auch mal beim Zärtlichsein ›erwischt‹ wor-

den. Mein Eindruck war, dass die chronische Reizblase der Frau eine Reaktion auf den Mangel an Intimität war. Ihre Beschwerden waren bereits so schlimm geworden, dass sie überhaupt nicht mehr mit ihrem Mann schlafen konnte. Vorschnell, wie ich damals noch reagierte, riet ich, doch wenigstens für das obere Stockwerk Schlüssel zu besorgen. Entsetzt antwortete darauf der Ehemann: ›Dann schmeißen uns meine Eltern aus dem Haus.‹ – Ich habe die beiden nie wieder gesehen.

Ich behaupte nicht, dass mein Vorgehen das einzig richtige ist. Jeder Berater entwickelt im Laufe der Zeit die für ihn passende Strategie, so wie auch jeder Chirurg sich eine ihm entsprechende Operationstechnik aneignet. Aber man sollte nie vergessen, dass es sehr viel Mut und Geduld erfordert, neue Verhaltensweisen auszuprobieren und zu erlernen. Weder Mut noch Geduld kann ich einem Menschen abverlangen. Beides muss er aus sich selbst heraus entwickeln.

»Was Sie da sagen finde ich sehr überzeugend. Abschließend interessiert mich noch ein anderes Thema. Sie sagten vorhin, dass die Frau es ist, die entscheidet, ob aus einer Begegnung zwischen Mann und Frau eine Beziehung wird oder nicht. Im Grunde wusste ich dies als Frau ja schon immer, aber es war ja dann auch unsere weibliche Aufgabe, dem Herrn der Schöpfung zu suggerieren, dass er alles in die Wege geleitet hat. Wenn diese Ergebnisse mehr und mehr publik werden, wie kommt ihr Männer dann mit dieser Kränkung zurecht?«

»Nun, auch wir Männer haben die Emanzipation noch vor uns! Und ganz langsam begreifen auch wir, dass das männliche Prinzip nicht die Krone der Schöpfung darstellt. Das heißt nicht, dass fortan die Frauen die besseren Menschen sind, sondern dass auch wir uns zu der Einsicht durchringen, dass beide einander brauchen, und zwar als gleichwertige Partner. Wenn das gelingt, wird es hoffentlich auch

nicht mehr nötig sein, dass eine Frau ihren Mann glauben machen muss, er habe die Entscheidung getroffen, die eigentlich sie selbst gefällt hat.

Bis dahin ist es allerdings noch ein weiter Weg: Denn noch immer leisten Frauen weltweit rund siebzig Prozent der für die Nahrungsmittelproduktion anfallenden Arbeiten, während der Besitz an Produktionsmitteln in den Händen von Männern konzentriert bleibt. Oder – wie eine Studie des Statistischen Bundesamtes in Wiesbaden 1994 auswies: Der Anteil an nichtbezahlter Arbeit wie Haushalt, Kindererziehung etc. überwiegt in unserem Lande den Anteil an bezahlter Arbeit. Diese nichtbezahlte Arbeit wiederum wird jedoch überwiegend von Frauen erledigt. Wir Männer sollten einfach ein bisschen ehrlicher werden und zugeben, dass wir so fleißig gar nicht sind.«

Ein dreiviertel Jahr später: Petra kommt zum dritten Beratungsgespräch

»Hier bin ich wieder, meine lieben Therapeuten! Bewusst möchte ich Sie beide ein klein wenig ärgern, denn ich kam mir schon so ein wenig wie ein Fahrschüler vor, den der Fahrlehrer nach knapp fünf Stunden zur Rushhour in Frankfurt allein auf die Straße loslässt. Nun, es ist mit viel Hängen und Würgen gut gegangen und eigentlich wollte ich mit mir zufrieden sein und gar nicht mehr hierher kommen. Aber ich denke, Sie haben eine Rückmeldung verdient.

Meine Beschwerden haben sich in Schall und Rauch aufgelöst. Als klassische Medizinerin darf ich dies im Grunde gar nicht glauben, aber es ist halt so. Ein Methodenkritiker würde vielleicht einwenden, dass ganz andere Momente, die wir drei hier völlig übersehen haben, für die Gesundung verantwortlich sind, mir soll das aber jetzt egal sein, denn es kam mir darauf an, beschwerdefrei zu werden und mein Leben wieder genießen zu können.

Einen Hinweis, dass an der ganzen Theorie etwas dran sein könnte, habe ich dann später doch noch gefunden: Jedesmal, wenn wieder so ein Mann vom Typ Roberto aufkreuzte, begann es auch gleich im Unterleib zu rumoren. Ich habe da jetzt eine herrliche Klingel!

Roberto tauchte übrigens noch einmal auf. Er tat so, als ob nichts vorgefallen wäre, und wollte wie selbstverständlich zur Tagesordnung übergehen. Ich habe es genossen, mich darin zu üben, mit anderen unzufrieden zu sein. Wie in einer Seifenoper habe ich ihm dramatisch seine Klamotten im Treppenhaus vor die Füße geschmissen und dann meinerseits die Tür krachend ins Schloß fallen lassen.

Das Examen ist ordentlich bestanden und durch einen glücklichen Umstand bekam ich auch eine Assistentenstelle. Ich habe jetzt vor, Gynäkologin zu werden und mich gleichzeitig in Psycho- und Familientherapie ausbilden zu lassen. Ich befürchte, dass es noch viele Frauen gibt, die unter einer ähnlich körperfeindlichen Jugend zu leiden hatten und sich dann in ihrem Erwachsenenleben immer wieder dieselbe Bühne nachbauen und dadurch ein Leben lang sehr unglücklich sind. Die ausschließliche Körpermedizin ist für diese Leute zu wenig.

Wo ich gerade vom Körper spreche – ich mache zur Zeit einen Bauchtanzkurs. Hier kann ich lernen, meinen Körper liebend anzunehmen, und schauen, was andere Frauen aus ihrer Weiblichkeit machen. Soweit die Erfolgsmeldungen.

Noch immer weiß ich leider nicht, wie ich es in Zukunft verhindern kann, mir immer wieder dieselben Typen anzuschauen. Es ist wie verhext. Interessiert mich ein junger Mann, also wann immer sich dieses herrliche Schmetterlingsgefühl im Bauch einstellt und ich dann genauer hinschaue, so ist es bestimmt wieder einer von der egoistischen

Sorte, die ich ja nun zur Genüge kennen gelernt habe … Als Nonne möchte ich nun aber auch nicht enden.«

»Erst einmal Gratulation zu all Ihren Erfolgen. Kaum ein Klient hier schafft in einer solch kurzen Zeit derartige Fortschritte. Sie sind wirklich eine große Ausnahme und sollten dies auch genießen und mit dem bisher Erreichten voll zufrieden sein!

Lassen Sie bitte noch einmal ein, zwei Jahre ins Land gehen, und wenn Sie dabei fleißig weiter üben, Ihre einst anerzogenen Ängste vor ›Zufriedenheit mit sich selbst‹ und vor ›Unzufriedenheit mit anderen‹ abzubauen, werden Sie die Fähigkeit zur Souveränität und Gelassenheit entwickeln und dann Männer kennen lernen, die eher zu Ihnen passen.

Noch einmal anders formuliert: Bisher war es Ihnen nur erlaubt, stets mit sich unzufrieden und mit anderen zufrieden zu sein. Es fehlte jeweils das Gegenstück! Mir stellt es sich so dar, dass Sie sich stereotyp in Männer verliebt haben, die sich das Verhalten erlauben konnten, welches Ihnen strengstens verboten war, nämlich faul zu sein, sich gehen und bedienen zu lassen.

Attraktiv ist meistens das, was man selbst nicht hat. Sobald Sie sich aber dasjenige Verhalten selbst aneignen, das Sie an Roberto so fasziniert hat, und sich damit wohl fühlen, sich in dieser Rolle lieb haben, werden Sie es nicht mehr nötig haben, auf solche Typen ›abzufahren‹.

Am Rande sei bemerkt, dass wohl Roberto bei Ihnen Verhaltensweisen sah, die wiederum ihm verboten waren. Und noch eines möchte ich Ihnen mit auf den Weg geben. Es gibt ein berühmtes Organisations-Dreieck, welches lautet:

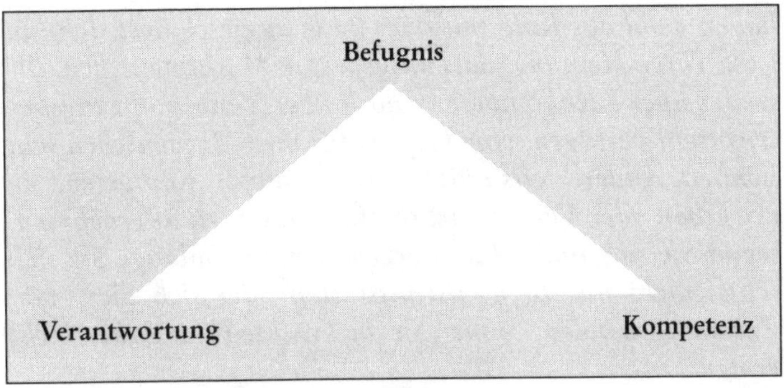

Sie wurden in Ihrer Kindheit daraufhin trainiert, sich darin zu profilieren Verantwortung zu tragen und kompetent zu sein. Einmal verantwortungslos zu sein und inkompetent dazustehen müsste erhebliche Ängste in Ihnen auslösen! Roberto wiederum hatte wohl hiermit überhaupt keine Schwierigkeiten.

Wenn ich Ihnen richtig zugehört habe, so wurde Ihnen zumindest von der Mutter keinerlei Befugnis zugestanden. Entsprechend haben Sie auch Ihr weiteres Leben immer wieder so organisiert, dass Sie sich für Verantwortung und Kompetenz zuständig fühlten und die Befugnis anderen überließen. Unbewusst haben Sie mit dieser Verhaltensweise andere geradezu genötigt, Sie auszubeuten.

Schauen Sie in Zukunft doch einmal, dass auch Sie sich in dieser oder jener Situation Befugnis oder, wenn es sein muss, ein bisschen Machtkompetenz zubilligen.«

»Oh Gott. Auch das noch! Bisher habe ich Menschen, die Macht ausüben, stets aus tiefstem Herzen verachtet. Am widerwärtigsten sind mir immer diejenigen, die von nichts eine Ahnung haben und um Verantwortung einen großen Bogen machen, dafür aber andere nach ihrer Pfeife tanzen lassen.«

»Petra, wie es uns Menschen immer wieder passiert, Sie

haben wohl das Kind mit dem Bade ausgeschüttet. Ich bin ganz Ihrer Meinung, dass ausgeprägte Machtmenschen, die weder über Sachkompetenz noch über Verantwortungsbewusstsein verfügen, eine Gefahr für ihre Mitmenschen sein können. Andererseits nützt es Ihnen nichts, Kompetenz zu erwerben oder Verantwortung für andere zu übernehmen, wenn Sie sich nicht durchsetzen können. Solange Sie sich selbst nicht mit Befugnis ausstatten oder sich diese von Zuständigen holen, können Sie die Früchte Ihrer Arbeit nicht ernten.

Verringern Sie bitte Ihre verständliche Abneigung gegen Machtausübung. Sie sind kompetent und verantwortungsbewusst und von daher steht es Ihnen zu, sich auch die entsprechende Befugnis anzueignen. Es sollte Ihnen eine Freude sein, auch diese Fähigkeit zu erlernen.«

»Mal sehen, wie ich das als Frau in einem von Männern dominierten Klinikalltag umsetzen kann, aber Herausforderungen anzunehmen war ja schon immer mein Lebenselixier. Für heute möchte ich Ihnen beiden danken. Es war gut so und ich bin es zufrieden. Zu gegebener Zeit werde ich mich wieder melden.«

Einige Zeit später bekamen wir von Petra eine Ansichtskarte aus einem fernen Urlaubsort mit der Bemerkung, es gehe ihr gut und sie sei fleißig dabei, Frösche an die Wand zu klatschen. Mehr war bisher nicht von ihr zu erfahren.

***

»Noch Fragen, Julia?«

»Ja, ich denke gerade darüber nach, wie es eigentlich dazu kommt, dass sich zwei Menschen ineinander verlieben, dass sie sich voneinander angezogen fühlen. Aus eigener Erfahrung weiß ich, dass die Partnerwahl kein Zufall ist, und ich kenne Leute, die zum zweiten, ja sogar zum dritten Mal verheiratet sind und sich das im Grunde hätten sparen können, weil die nachfolgenden Partner in ihrem Verhalten ihren Vorgängern glichen wie ein Ei dem anderen. Wie ist so etwas möglich?«

»Erlauben Sie mir, dass ich etwas aushole. Wir unterscheiden zwischen angeborenen und anerzogenen Ängsten. Angeboren ist zum Beispiel die Angst vor einem großen Umriss und vor Tiefe. Beides macht auch Sinn, denn wenn ein aufrechter, drei Meter hoher eiszeitlicher Höhlenbär vor einem Menschen auftauchte, war sicherlich höchste Lebensgefahr angezeigt. Auch ist unser Körper auf Stürze aus geringsten Höhen hoch empfindlich. Angst vor Tiefe macht uns da vorsichtiger.

Anerzogen ist zum Beispiel die Angst vor Hunden. Ein Kind, das noch nie schlechte Erfahrungen mit Hunden gemacht hat, wird sehr wahrscheinlich eine andere Meinung von diesen Vierbeinern haben als ein Heranwachsender, der schon zwei- oder dreimal gebissen worden ist. In den meisten Fällen werden uns diese anerzogenen Ängste von unseren ersten Lebenstagen an durch unsere Eltern oder durch unser soziales Umfeld vermittelt. Dies geschieht zum Teil absichtsvoll oder auch unbewusst. Es gibt wohl keinen Menschen, der nicht zu diesem oder jenem Thema eine anerzogene angstbesetzte Meinung beziehungsweise Bedeutungszuteilung hat.

Meine Mutter beispielsweise sagte immer zu mir: ›Bilde dir doch keine Schwachheiten ein!‹ Mit anderen Worten: Ich hatte niemals genug getan und durfte deshalb auch nie mit mir selbst zufrieden sein. Wurde ich beim Müßiggang erwischt, so wurden mir sofort zwei oder drei weitere Aufgaben zugeteilt, die unverzüglich zu erledigen waren. Schwäche oder der Versuch, mich der Verantwortung zu entziehen, waren für mich tabu. Anders ausgedrückt: Ein solches Ver-

halten war für mich mit Angst besetzt, weil meine Mutter mich dafür verachtet hätte.

Diese anerzogenen Ängste haben nun die unangenehme Eigenschaft, unseren alltäglichen Handlungsspielraum mehr oder weniger massiv einzuschränken. Sie wirken wie eine Spezialbrille, durch die ich bestimmte Dinge ganz besonders scharf zu sehen vermag und andere wiederum überhaupt nicht. Bereits vor zweieinhalbtausend Jahren formulierte Epiktet: ›Nicht die Dinge an sich beunruhigen uns Menschen, sondern die Meinung, die wir von ihnen haben!‹

Durch diese unsere Angstbrille oder Brille der angstbesetzten Bedeutungszuteilungen neigen wir Menschen nun dazu, uns stets aufs Neue ein Umfeld zu schaffen, in dem die seit frühester Kindheit erlernten Ängste immer wieder neue Nahrung finden. Als ich selbst zum Beispiel viele Jahre später meine Hausarztpraxis eröffnete und in den ersten Wochen noch nicht so viel zu tun hatte, traute ich mich dennoch nicht, in einer freien Minute die Zeitung zu lesen. Ich hatte Angst, von meinen Mitarbeiterinnen nicht mehr ernst genommen zu werden, wenn sie mich beim Müßiggang erwischen würden.

Und unglücklicherweise wirken sich diese anerzogenen Ängste auch auf unsere Partnersuche aus. Menschen tendieren immer wieder dazu, sich in einen Partner zu verlieben, der in ihnen genau wieder die gleichen Ängste zu aktivieren versteht, die uns in unserem Elternhaus anerzogen wurden. Um es in einer Metapher auszudrücken: Unsere Eltern haben eine Stanze in der Hand, mit der sie aus einem Karton ganz bestimmte Puzzleteilchen herausstechen. Zu einem solchen Puzzleteilchen passt dann später wieder nur ein ganz bestimmtes anderes!

Zum Glück ergeht es uns aber nicht wie den Helden in den griechischen Tragödien, die, von unsichtbaren Marionettenfäden gezogen, unentrinnbar ins Verderben stürzen mussten. Wir haben den unschätzbaren Vorteil, unserem Schicksal nicht hilflos ausgeliefert zu sein. Wir können uns darüber klar werden, Bewusstsein erlangen, warum wir in bestimmten Situationen so und nicht anders reagieren. Wenn wir lernen, die Motive unserer Handlungen zu durchschauen, haben wir die Chance, andere und für uns bessere Verhaltensweisen zu erlernen. Wie das im Einzelnen funktioniert, hat Richard Dawkins in einer eindrucksvollen Computersimulation veranschaulicht:

Er untersuchte, was passieren würde, wenn man eine Gruppe von Betrügern mit einer gleich großen Anzahl von Betrogenen, Dawkins nennt sie unkritische Altruisten, zusammenbringt. (Betrüger sind Lebewesen, die jede Wohltat, die man ihnen antut, annehmen, aber nie etwas zurückgeben, während die Betrogenen Wesen sind, die andere stets verwöhnen und es kommentarlos hinnehmen, wenn sie nichts zurückbekommen, und unbeirrt damit fortfahren, andere zu versorgen.)

Innerhalb kürzester Zeit hatten sich die Betrüger enorm vermehrt, während die Betrogenen recht schnell ausstarben: Sie hatten weit über ihre Verhältnisse und Ressourcen gelebt und sich dadurch selbst ausgerottet!

In einem zweiten ›Spiel‹ fügte Dawkins zu den unkritischen Altruisten noch eine Gruppe von ›Nachtragern‹ hinzu. Dies sollten Wesen sein, die sich zwar einmal von einem Betrüger hereinlegen lassen, sich dann aber dessen Gesicht merken und ihm nie mehr etwas zugute kommen lassen.

Jetzt passierte Folgendes:

Erst einmal vermehrten sich wieder die Betrüger – gesponsert durch die Betrogenen – wie die Kaninchen. Die Betrogenen starben wieder aufgrund ihres unkritischen (und unbelehrbaren) Altruismus in aller Kürze aus. Auch die Zahl der Nachtrager ging besorgniserregend zurück, bis auf einmal, wie von Geisterhand bewirkt, die Anzahl der Nachtrager wieder zunahm und sich jetzt die Betrüger dezimierten. (Die hatten jetzt niemanden mehr, der sie verwöhnte, den sie gnadenlos ausnutzen konnten.) Die Betrüger starben aber nicht vollständig aus, es blieb stets ein ganz kleiner Rest übrig. Jeder neugeborene Nachtrager musste ja erst einmal auf einen Betrüger hereinfallen und lernen, und dies hielt einige Betrüger am Leben.

Auch wir Menschen verhalten uns immer komplementär zu dem Verhalten anderer Menschen, das heißt, wenn wir erstmal erkannt haben, welche Folgen unser unkritischer Altruismus für uns selbst hat, können wir unser Verhalten ändern und lernen nachtragend zu werden. Schon bald darauf sind wir vor Betrügern gefeit.

Ist es jetzt etwas verständlicher geworden?«

»Ja, schon. Aber gilt das nun für alle Paare?«

»Es trifft für meinen Beobachtungsraum zu. Bei allen Paaren, die mir begegnet sind, konnte ich diesen Mechanismus beobachten. Es wäre demnach möglich, dass dies für Partnerschaften, die ich nicht gesehen habe, nicht zutrifft. Weitere Forschungsarbeit ist hier noch zu leisten.«

»Noch eine allerletzte Frage«, insistierte Julia. »Wenn ich im Bekanntenkreis erzähle, dass eine chronische Blasenentzündung durch ein paar wenige Beratungsstunden zum Abklingen gebracht werden kann, so stoße ich immer wieder auf ungläubiges Erstaunen, ja sogar auf heftige Ablehnung. Oft habe ich zu hören bekommen, dass das nicht wahr sein könne oder dass es sich hierbei um einen typischen Fall von Scharlatanerie handle ... Und wenn ich es nicht selbst erlebt hätte, so würden mich gewiss auch Zweifel plagen.«

»Es ist leider – seit es Ärzte gibt – in der Medizin üblich, jemanden, der etwas Neues vertritt, erst einmal heftig zu beschimpfen und zu bekämpfen. Ich erinnere Sie an das Schicksal von Dr. Semmelweis in Wien, der um 1840 seinen Studenten intuitiv empfahl, sich die Hände zu waschen, bevor sie schwangere Frauen entbanden. Jene Studenten

kamen völlig sorglos vom Leichensezieren in den Kreißsaal. (Die Bakterien waren zu der Zeit noch nicht entdeckt worden). Schlagartig ging die Anzahl der im Kindbettfieber verstorbenen Frauen zurück, und dennoch wurde Dr. Semmelweis von seinen Kollegen als Scharlatan gebrandmarkt und sie entzogen ihm die Arztlizenz. Auch dem Entdecker des Penizillins, Alexander Flemming, erging es kaum besser. Auch er musste lange kämpfen, bis sein Wirkstoff endlich die verdiente Anerkennung fand.

Schauen Sie, Julia. Es war doch gerade die tägliche Unwirksamkeit meines hausärztlichen Tuns, die mich veranlasste, nach neuen Wegen zu suchen. Gerade weil ich täglich feststellen musste, dass meine schulmedizinischen Kenntnisse nicht ausreichten, um zu heilen, kam ich mir wie ein Scharlatan vor: Die Neurodermitiker kratzten sich unbeeinflussbar weiter, die Asthmatiker bekamen trotz Cortison immer wieder ihre Atemnotsattacken, und die Leute mit einer Dickdarm- oder Dünndarmentzündung saßen weiter auf dem Topf und so fort …

Meine Wahrnehmung im hausärztlichen Bereich und die Entdeckung der Gründungsväter der Familientherapie im psychiatrischen Bereich in den Vereinigten Staaten stimmten überein: Eine unglückselige, das heißt aggressive Kommunikation kann mit dazu beitragen, dass Menschen krank werden. Dieses feindselige Miteinander konnte ich wiederum auf eine unzweckmäßige Partnerbindung zurückführen, die dort ihren Ausgang nimmt, wo man sich in den ›falschen‹ Menschen verliebt.

Nach dem von mir entworfenen und in diesem Buch dargestellten Modell ist es tatsächlich relativ einfach, den Hilfe suchenden Menschen recht schnell aufzuzeigen, wodurch ihr Leid – sei es eine Erkrankung oder ein zermürbender Streit – entstanden ist und wie ein jeder etwas daran ändern könnte. Meist benötigte ich nicht viel Zeit, um die anerzogenen angst-

besetzten Felder aufzuspüren, und in der Regel ist es auch nicht schwierig, den Leuten diese Zusammenhänge verständlich zu machen. Aber es braucht viel Zeit und Training, bis die Betroffenen es wagen, die bisher angstbesetzten Felder nicht mehr zu meiden, sondern gezielt gegen sie vorgehen.

Die Abheilung der Reizblase von Petra ist für mich im Rahmen meiner alltäglichen Arbeit mit Klientenfamilien also nichts Ungewöhnliches. Überraschend ist allenfalls, wie schnell sie beschwerdefrei wurde. Meistens benötigen die Menschen mehr Zeit, denn es ist eine ungeheure Anstrengung, den Stier, den man von frühester Kindheit an zu fürchten gelernt hat, an den Hörnern zu packen und ihn niederzuringen.

Auch wenn ich oft also nur wenige Stunden zur Beratung brauche, so benötigen die Menschen doch Zeit – ein bis zwei bis drei Jahre, um durch mühsames tägliches Training ihre angstbesetzten Bedeutungsinhalte loszuwerden. Verschwiegen sei aber nicht, dass es gelegentlich auch Familien gibt, bei denen selbst ich mir als erfahrener Berater die Zähne ausbeiße. Das sind – ohne böse Absicht – Expertenfamilien im Verschleiern, im Tarnen und Täuschen. Aber auch hier kann der Faktor Zeit eines Tages doch noch zum Erfolg führen.«

In diesem Kapitel waren Sie als Gast in meiner familientherapeutischen Beratungspraxis und haben die Grundsätze der FamilienPsychoSomatik kennen gelernt. In den folgenden Kapiteln werde ich ausführlicher auf all die Mechanismen eingehen, die zwei Menschen dazu veranlassen, sich ineinander zu verlieben. Zuvor aber sollten Sie sich darüber klar werden, wie es um Ihr Selbstbewusstsein steht.

Hier stehe ich!
Ich kann nicht anders!
Gott helfe mir! Amen.

(Martin Luther am 18. 4. 1521
vor dem Reichstag in Worms)

2. Kapitel

Deine Wünsche weisen dir den Weg

In der ersten Beratungsstunde frage ich meine Klienten immer wieder, was sie sich denn von unserer Zusammenarbeit erhoffen. Sehr oft erhalte ich dann die Antwort: »Mehr Selbstbewusstsein!« Wenn ich dann nachfrage, was sie unter Selbstbewusstsein verstehen oder woran man erkennen könnte, dass sie selbst oder andere in der Familie über Selbstbewusstsein verfügen, erhalte ich oft keine Antwort mehr. Es ist schon seltsam, alle wollen mehr davon, aber niemand weiß so recht, was es eigentlich ist – das Selbstbewusstsein.

Im Deutschen Wörterbuch von Wahrig wird das Wort »Selbstbewusstsein« folgendermaßen definiert: »das Wissen von sich selbst als denkendem, fühlendem Wesen; Überzeugung vom eigenen Wert und Können.«
Weltweit sind sicherlich Tausende von Wissenschaftlern (Philosophen, Biochemiker, Physiker, Psychiater usw.) damit beschäftigt, das Geheimnis des Bewusstseins zu erforschen. Mit den verschiedensten Experimenten versuchen sie herauszubekommen, was genau denn nun eigentlich Bewusstsein ist, wie es sich zusammensetzt und wo es sich in unserem Gehirn befindet. Solange keine allgemein verbindliche Definition vorliegt, beziehe ich mich für meine weiteren Ausführungen auf die nachstehend formulierte Arbeitshypothese:

Bewusstsein ist die Fähigkeit, sowohl die eigenen Empfindungen, Gefühle und Wünsche als auch die der Mitmenschen gedanklich zu erfassen und zu formulieren.

Bewusstsein ist somit an Sprache gebunden! All unsere Gedanken werden durch die Sprache vermittelt. Auch ein Tier hat Empfindungen, Gefühle und Wünsche, es kann darüber aber nicht nachdenken und sie auch nicht mitteilen.

Der Vorteil, den wir Menschen also durch unser Bewusstsein haben, ist vor allem der, dass wir unsere Handlungen im Geiste – also nachdenkend – erproben können. Stellen Sie sich zum Beispiel vor: Sie stehen am Ufer eines Flusses und wollen hinüber. Sie als Mensch haben die Möglichkeit, darüber nachzudenken, ob Sie das andere Ufer wohl schwimmend erreichen können oder ob es besser wäre, stromab- oder aufwärts eine Furt oder eine Brücke zu suchen. Sie können erwägen, ein Floß zu bauen, oder auch darauf hoffen, irgendwo im Gebüsch ein verstecktes Boot zu finden. Ein Tier, wie zum Beispiel ein Hund, hat all diese Möglichkeiten nicht. Er erfährt erst handelnd, ob er schwimmend hinüberkommen wird oder nicht. Wenn nicht, muss er wohl oder übel darauf verzichten, an das andere Ufer zu gelangen. Wir Menschen dagegen haben den ungemeinen Vorzug, dass wir von bestimmten Vorstellungen Abstand nehmen können, bevor wir unser Leben aufs Spiel setzen …

Ein Mensch, der über ein ausgeprägtes (Selbst-) Bewusstsein verfügt, zeichnet sich demnach dadurch aus, dass er

1. all seine Wünsche an das Leben, an den Partner, an den Beruf, an sein privates Umfeld und an den Staat, in dem er lebt, kennt

Immer wieder begegne ich Menschen, denen die Mehrzahl ihrer Wünsche kaum bekannt ist. Entsprechend lassen sie sich von ihrem Partner, von ihren Kollegen und Angehörigen herumschubsen und verzichten darauf, ihr Leben selbst in die Hand zu nehmen.
Lawrence Le Shan, ein amerikanischer Psychotherapeut, der sich vorwiegend mit von der Klinik aufgegebenen Krebspatienten befasst, hat feststellen können, dass diese Patienten häufig Menschen waren, die sich weit von ihren ursprünglichen Lebensvorstellungen entfernt hatten. Gelang es Le Shan, diesen Menschen Mut zu machen, nun doch einmal endlich das zu tun, wovon sie schon immer – meist völlig unbewusst! – geträumt hatten, so überlebten viele weit länger, als es in ihrem Stadium der Erkrankung zu erwarten gewesen wäre. Bei manchen bildete sich der bösartige Tumor vollständig zurück! Aufgrund meiner eigenen Erfahrungen halte ich diese Beobachtungen für absolut glaubwürdig.

2. sich für seine Wünsche nicht schämt

Letzthin fragte mich eine fünfunddreißig Jahre junge Frau allen Ernstes, ob sie denn tanzen dürfe. Auf meine sicherlich leicht verdutzte Gegenfrage, was denn dagegen sprechen könne, bekam ich zu hören, dass sie in Baden-Württemberg in einer sehr pietistischen Familie groß geworden sei, in der Tanzen neben vielen anderen Vergnügungen verpönt gewesen sei.

3. den Mut hat, seine Wünsche auch zu äußern

Ich hatte nicht den Mut, meinem letzten Klinikchef, dem ich fachlich unendlich viel verdanke, zu bitten, die demütigenden Zurechtweisungen während der Visite am Krankenbett zu unterlassen.
Trauen Sie sich stets Ihrem Partner all das zu sagen, was Sie sich von ihm wünschen, was Ihnen an ihm auffällt und was er in Ihnen auslöst?

4. **die Ausdauer aufbringt, für die Umsetzung eines Wunsches auch hartnäckig zu arbeiten**

   Die Realisierung mancher Wünsche braucht Zeit und Geduld. Wer zum Beispiel ein Haus bauen möchte, muss meistens erst einmal eine Zeit lang Geld ansparen, bis der erste Spatenstich erfolgen kann.

Ein erwachsener selbstbewusster Mensch sollte jedoch nicht nur in der Lage sein, seine eigenen Wünsche zu erkennen, sondern auch für die Wünsche seiner Mitmenschen ein feines Gespür entwickeln. Zwar ist es unmöglich, die Bedürfnisse von anderen zu kennen, aber man kann sie erahnen oder richtig vermuten. (Jemand, der vorgibt, genau zu wissen, was andere benötigen, bevormundet oder tyrannisiert in der Regel seine Umwelt.) Kennt ein Mensch nur seine eigenen Wünsche, so bezeichnet man ihn im allgemeinen als Egoist; wer dagegen stets nur die Wünsche der anderen wahrnimmt, fällt als Märtyrer beziehungsweise als unkritischer Altruist auf. Auf die richtige Balance kommt es an: Über ein gesundes Selbstbewusstsein verfügt somit derjenige, der sowohl seine eigenen Wünsche wahrnimmt und umsetzt als auch die Wünsche seiner Mitmenschen intuitiv erfasst und berücksichtigt.

Kennen Sie Ihre Berufung?

Können Sie von sich behaupten, dass Sie sich Ihrer Wünsche an den Partner, an den Beruf, an all Ihre weiteren Mitmenschen, an Ihr gesamtes Leben zu mindestens zu 95 % bewusst sind? Wie viel unbewusste Wünsche, geheime Tabus (Ängste/Verbote), Delegationen (Fernsteuerungen) Ihrer Eltern bestimmen auch heute noch Ihr Leben?!

Ich hoffe, dass Sie im Verlaufe der weiteren Lektüre dieses

Buches Ihren Wünschen und damit sich selbst noch wesentlich näher kommen können. Beantworten Sie zu diesem Zweck doch gleich mal die nachfolgende Fragen.

Frage 1: Können Sie sich noch an die Bücher, an die Filme, die Sie in Ihrer Jugend gerne gelesen und gesehen haben, erinnern?

Diese damaligen Vorlieben können Ihnen einen Hinweis darauf geben, in welche Richtung Ihre Berufung auf diesem Planeten gehen könnte. Ich las zu jener Zeit mit großer Vorliebe Berichte über Entdeckungsreisen, wie zum Beispiel die Suche nach der Nordwestpassage, oder Abenteuerromane über den Wettlauf von Amundsen und Scott an den Südpol, aber ich konnte mich auch für die Forschungsbemühungen der Physiker und Chemiker im ausgehenden neunzehnten und zu Anfang des zwanzigsten Jahrhunderts begeistern.

Damals bereits wählte ich einen Leitspruch für mein Leben, dessen Bedeutung ich noch kaum begriff: »Wer in den Fußstapfen anderer geht, hinterläßt keine eigene Spur.« Diese frühe Prägung, die ich meinen Bücherhelden verdanke, hatte einen wesentlichen Einfluss auf mein späteres Leben, denn sie veranlasste mich, auch allgemein verbreitete Auffassungen kritisch zu hinterfragen. Ich erkannte, dass die klassische Schulmedizin längst nicht alle Krankheiten in den Griff bekommt, so wie man es mir während des Studiums und auch später in den Kliniken immer hatte weismachen wollen. Und so begann ich nach neuen Therapiemöglichkeiten zu suchen.

Haben Sie inzwischen Ihr Lieblingsbuch, Ihren Lieblingsfilm wiedergefunden? Für welche Bücher und Filme schwärmen Sie heute? Schauen Sie gerne Tierfilme? – Vielleicht möchten Sie sich gerne aktiver für die Erhaltung der Arten einsetzen. Filme über menschliche Tragödien und Intrigen? – Kann es sein, dass Sie nach Wegen suchen, um Ihr

Engagement für mehr Gerechtigkeit, Offenheit und Ehrlichkeit unter den Menschen umzusetzen?

Frage 2: Auf welches Leben wollen Sie als rüstige(r) Neunzigjährige(r) zurückblicken?
Was muss geschehen, damit Sie dann sagen können: »Es war ein erfülltes Leben! Es hat – trotz aller Widrigkeiten – Spaß gemacht, dabei gewesen zu sein!«

Mich leitet die alte philosophische-theologische Denktradition, dass ein jeder Mensch von Geburt her eine ihm ureigene Bestimmung oder Berufung hat. So sollte beispielsweise ein von Geburt her musikalisch begabter Mensch die Möglichkeit haben, Musiker zu werden, und nicht gezwungen sein, als Bürokaufmann zu arbeiten. Nur wenn er seine musikalische Begabung ausleben kann, wird er glücklich werden und ein erfülltes und authentisches Leben führen. Gelingt ihm das, ist es nicht nur für ihn selbst das Beste, sondern auch für seine Mitmenschen, die von seinem Talent und seiner Ausstrahlung nur profitieren können.

Vor einiger Zeit suchte ein rund fünfunddreißig Jahre alter Mann meine Praxis auf, weil ihn seit Monaten eine tiefe Depression quälte. Er war kaum noch in der Lage, seinen Beruf auszuüben, am Familienleben teilzunehmen oder irgendeiner Freizeitbeschäftigung nachzugehen. Dieses Mal war die Ursache seiner Erkrankung nicht in einer dysfunktionalen Kommunikation zu Hause zu finden – seine Ehefrau sorgte sich liebe- und verständnisvoll um ihn –, nein, es lag an seinem Beruf: In siebter Generation leitete er einen Betrieb; diese Aufgabe war ihm zutiefst zuwider, aber er hatte sich vor Jahren nicht getraut, seinem autoritären Vater zu widersprechen.

Durch unsere Zusammenarbeit fasste er den Mut, eine Organisationsform für sein Unternehmen zu entwickeln, dank der es ihm möglich wurde, sich ganz allmählich aus dem Alltagsgeschäft herauszuziehen und einen Nachfolger aufzubauen. So gelang es ihm einerseits, die traditionsreiche Firma im Sinne seiner Väter zu erhalten, und andererseits konnte er sich seinen lange gehegten Traum erfüllen und ein Studium aufnehmen. Während dieser Mann sich in zähem Ringen Stück für Stück sein Glück erkämpfte, bildete sich seine Depression sukzessive zurück.

Erobern Sie Ihr Glück!

Das Fallbeispiel des studierenden Firmenchefs leitet über zum Thema Glück. Die mir am meisten einleuchtende Definition von Glück habe ich bei Martin Seel, Philosoph an der Universität Hamburg, gefunden. Sie lautet:

»Wenn einem Lebewesen die Mehrzahl seiner Wünsche in Erfüllung geht, empfindet es Glück / Zufriedenheit.«

Sie mögen jetzt fragen: »Ist nicht der am glücklichsten, dem alle seine Wünsche erfüllt werden? Warum also sich *nur* mit der Mehrzahl begnügen?« Nun, Erkenntnis wird erst durch das Vorhandensein von Unterschieden möglich. Wie soll ich wissen, dass eine Sache schön ist, wenn ich nichts Hässliches kenne? Wir Menschen benötigen demnach das Unglück, um überhaupt zu erkennen, was Glück ist.

Was bedeutet Glück im Zusammenhang mit dem Thema Partnerschaft und Ehe? Nun, entsprechend der oben genannten Definition verstehe ich Partnerschaft als ein Unterfangen, in dem ein jeder bemüht ist, dazu beizutragen, dass dem anderen die Mehrzahl seiner Wünsche in Erfüllung geht. Beide sollen sich im Alter von neunzig Jahren liebevoll anlächeln und gegenseitig versichern: »Weißt du, Schatz, ohne dich hätte ich vieles nicht erlebt, was ich niemals missen möchte; ohne dich hätte ich vieles nicht gelernt, was mir lieb und teuer geworden ist; und ohne dich hätte ich mein Leben nicht so genießen können. Danke für deine Unterstützung. Es war schön an deiner Seite!«

Leider trifft dies nur selten zu. Gerade Frauen, denen in ihrer Ehe viele Wünsche vorenthalten wurden, blicken im hohen Alter nicht ohne Verbitterung auf ihr Leben zurück. Die folgende Geschichte mag dies illustrieren:

Auf einem gemeinsamen Spaziergang streiten sich ein katholischer und ein evangelischer Theologe darüber, wann nun das Leben beginnt. Der Pastor vertritt die Ansicht, dass das Leben eines Menschen in dem Augenblick beginnt, in dem er als Säugling das Licht der Welt erblickt. »Aber nein«, wendet der Priester ein, »das Leben beginnt in dem Augenblick, in dem Samen- und Eizelle miteinander verschmelzen.« Nun, die beiden Herren werden sich nicht einig und ein Argument widerlegt das nächste, als sie plötzlich auf ein uraltes Mütterlein aufmerksam werden, das mühsam am Stock gehend ein kleines Handwägelchen hinter sich herzieht. »Die weise Alte muss es wissen«, denken die jungen Theologen und beschließen sie zu fragen. »Ach wissen Sie«, seufzt die alte Frau müde lächelnd. »Als mein Alter vor zwanzig Jahren starb, da begann mein Leben.«

Da ich bei meinen Paarberatungen immer wieder feststellen muss, dass die beiden Partner viel zu wenig über ihre wechselseitigen Wünsche miteinander kommunizieren, fordere ich frisch verliebte Paare dazu auf, dass jeder für sich allein einmal aufschreibt, welche Erwartungen er an den anderen hat. Beide mögen sich doch einmal ins stille Kämmerlein zurückziehen und offen und ehrlich auf einem Blatt Papier festhalten, was man vom Beruf, vom Partner, ganz einfach vom Leben erwartet – auf was man später einmal zurückblicken möchte.

Dann möge – wie bei Diplomaten – ein Notenaustausch

stattfinden und ein jeder kann prüfen, ob denn der andere auch dem eigenen »Anforderungsprofil« entspricht. Das klingt vielleicht nicht sehr romantisch, ist aber durchaus zweckmäßig: Nehmen Sie einmal an, dass die Frau in einer Beziehung eher häuslich orientiert, kinder- und kunstliebhabend ist, während der Mann es unbedingt bis zum Vorstand eines Konzerns bringen möchte und es sich darüber hinaus nicht vorstellen kann, auf sein Hobby als Gleitschirmflieger zu verzichten. Für beide kann es ganz schön schwierig werden, sich bei der Verwirklichung ihrer Wünsche gegenseitig zu unterstützen.

Für die Auswertung der Fragebögen ist es wichtig, auf einen großen Pool an gemeinsamen Interessen, Überzeugungen und vor allem auch auf übereinstimmende Wertvorstellungen zu achten. Stellen Sie sich bitte zwei gleich große, nebeneinander liegende Kreise vor, die sich zu einem Drittel oder vielleicht sogar zur Hälfte überschneiden: Die Schnittmenge eines Paares könnten gemeinsame Spaziergänge oder Bergwanderungen sein, während sie allein Tennis spielen geht und er allein an seinen Modellfliegern bastelt.

Unglück steht ins Haus, wenn beide Kreise weit voneinander entfernt sind, beide kaum oder gar keine Berührung mehr haben. Ebenso enttäuschend ist es – zumindest für einen –, wenn ein Kreis vollkommen im anderen aufgeht: In diesem Fall nämlich hat ein Mensch all seine Wünsche zu Gunsten des anderen aufgegeben.

Hinzu kommt noch, dass der Anteil an Gemeinsamkeiten immer wieder von neuem ausgehandelt werden muß. Zu Beginn einer Partnerschaft werden beide wohl darauf bedacht sein, möglicht viel gemeinsam zu unternehmen, zu einem späteren Zeitpunkt kann es sein, dass beide – vorübergehend – eher eigene Kreise ziehen.

Männer und Frauen sind unterschiedlich, sie haben unterschiedliche Bedürfnisse, fühlen, empfinden, denken und sprechen in je ihrer eigenen Weise. Eine gute Partnerschaft sollte diesen Unterschieden Rechnung tragen, das heißt, sie muss darum bemüht sein, sie dort auszugleichen, wo sie Schwierigkeiten verursachen, ohne sie negieren oder einebnen zu wollen.

Sie alle kennen die beiden sich widersprechenden Volksweisheiten: Die eine behauptet, dass Gleich und Gleich sich gern gesellen, während die andere kundtut, dass sich Gegensätze anziehen. Beides kann zutreffen. Jedes einzelne Paar muss den für sich richtigen Kompromiss aushandeln und ausbalancieren. Die aktuelle psychologische Forschung deutet zwar darauf hin, dass Paarbeziehungen, in denen sich die Partner grundsätzlich ähnlich sind, größere Überlebenschancen haben – eine Erfolgsgarantie ist das aber nicht.

Wenn Sie also einen potenziellen Partner oder eine potenzielle Partnerin kennen gelernt haben und feststellen, dass Ihre Herzschlagfrequenz steigt, wenn Sie an ihn oder sie denken, so sollten Sie versuchen herauszufinden, »wes Geistes Kind das Objekt Ihrer Sehnsucht ist«. Früher sagte man: »Willst du wen kennen lernen, so musst du mal mit ihm/ihr essen gehen, eine Reise machen oder eine Erbschaft teilen.« Heute würde ich sagen, dass man einmal versuchen sollte, an einer für den Partner zentralen Stelle eine ganz andere Auffassung zu vertreten. Wie weit kommt einem dann der oder die andere noch entgegen beziehungsweise bis zu welchem Grad werden dann die eigenen Wünsche noch respektiert?

Denn entsprechend dem Satz, dass wir Menschen Glück empfinden, wenn uns die Mehrzahl unserer Wünsche erfüllt wird, empfinden wir logischerweise Unglück, wenn nur wenige oder gar keine unserer Vorstellungen realisiert werden.

Wenn einem Lebewesen gerechtfertigte Wünsche auf Dauer versagt werden, entsteht in diesem Individuum das Gefühl der Enttäuschung, die sich eines Tages zur Feindse-

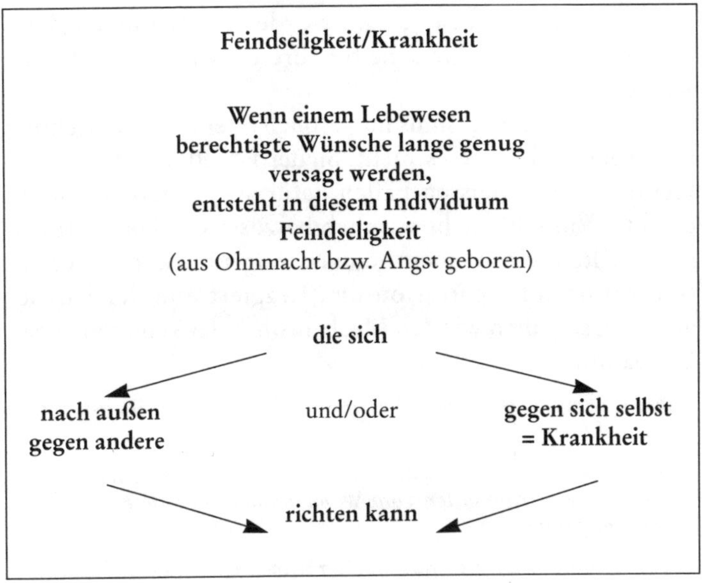

Abb. 1: Feindseligkeit/Krankheit

ligkeit zu steigern vermag. Diese so entstandene Feindseligkeit kann sich – wenn der Betroffene den Mut hat – nach außen gegen andere richten. Fehlt ihm allerdings der Mut oder wird er durch Verbot daran gehindert, seine Aggression nach außen abzugeben, so entsteht ein psychologischer Mitfaktor zu irgendeiner passenden Erkrankung. (In Kombination mit ungünstigen Erbfaktoren, zufällig anwesenden Bakterien, Viren oder anderen chemisch-physikalischen Stressoren: Wir haben dann eine psychosomatische Erkrankung.)

Wenn Sie wollen, können Sie die Richtigkeit dieses Mechanismus noch heute überprüfen: Versuchen Sie einfach einmal in Momenten, in denen Sie eine innere Anspannung, einen Unwillen oder gar Ärger empfinden, sofort innezuhalten und nachzudenken, welcher Wunsch Ihnen denn gerade in diesem Augenblick versagt worden ist. Ich meine, dass Sie fast immer eine Ursache für Ihre Frustration entdecken werden.

Ist dieser Mechanismus nun erblich oder durch Erziehung erworben? Ich weiß es nicht. Sicher ist jedoch, dass unser Gehirn in den meisten Fällen dafür sorgt, dass uns nicht erfüllte Wünsche nicht wirklich bewusst werden. Stattdessen schalten wir in einem solchen Augenblick der Frustration sofort auf Aggression um. Reagiert nun der Partner genauso, so haben wir den Mechanismus der symmetrischen Eskalation:

Er: »Schatz, muss es denn bei uns zu Hause immer so aussehen wie bei Hempels unterm Sofa?«

Sie: »Du musst gerade was sagen, schließlich verteilst du jeden Abend Deine Klamotten vom Wohnzimmer über die Küche bis ins Schlafzimmer.«

Er: »Dafür muss ich sie nicht immer suchen wie du deine Sachen. Hättest du gestern Abend nicht zum tausendsten Mal deine Schlüssel verlegt und wärst du ausnahmsweise einmal pünktlich gewesen, hätten wir im Kino noch weit bessere Plätze bekommen.«

Sie: »Bild dir bloß nicht ein, du Blödmann, du könntest mich erziehen ...!«

Er: »Na ja, gegen Dummheit kämpfen selbst Götter vergebens ...!«

Den weiteren Fortgang dieser symmetrischen Eskalation zu schildern erübrigt sich. Ein jeder kennt solch sinnlose Streitereien aus eigener Erfahrung. Seit ich verstanden habe, dass mein Gehirn auf nicht erfüllte Wünsche mit Feindseligkeit reagiert, die entweder nach außen oder nach innen gerichtet ist, gebe ich mir Mühe, mich in solchen Augenblicken sofort zu fragen: Um welchen Wunsch geht es denn hier eigentlich?

Ich fahre zum Beispiel zügig auf der linken Spur der Autobahn, weil ich die lange Reihe von rechts fahrenden Lastzügen überholen will. Plötzlich entdecke ich im Rückspiegel einen BMW, der dicht auf meinen Wagen auffährt und dabei vielleicht auch noch blinkt. Früher hatte ich in einem solchen Augenblick schon ein paar Wörter auf der Zunge, die ich hier nicht wiedergeben möchte. Heute denke ich – manchmal sogar schon lächelnd –: »Ach, ich wünschte mir ein paar Meter mehr Abstand.« Und schon sinkt mein Adrenalinspiegel wieder.

Natürlich gelingt mir das nicht immer, aber nach regelmäßigem Training doch immer öfter. Ein anderes Beispiel: Vor kurzem kam ein Klient recht aufgeregt, ja sogar aggressiv in meine Praxis und begann über unseren »Scheißladen« zu schimpfen. Sofort unterbrach ich ihn und fragte, was denn eigentlich sein Wunsch sei. Es stellte sich heraus, dass er meine Rechnung bereits bezahlt hatte, aber die Kosten von der Krankenkasse noch nicht zurückerstattet wurden, weil dort mein Gutachten über ihn noch nicht vorlag. »Na, sagen Sie das doch gleich«, meinte ich freundlich. »Heute haben wir Montag, am Mittwochnachmittag komme ich zum Diktieren. Spätestens am Freitag hat Ihre Kasse den Bericht. Einverstanden?« Mühsam lächelnd zog der Klient von dannen, und in der nächsten Stunde sprachen wir über den Mechanismus von nicht erfüllten Wünschen und über den zweckmäßigeren Umgang mit den eigenen Aggressionen.

In Anlehnung an eine alte Redensart formuliere ich häufig: »Schweigen ist Silber. Miteinander reden bringt Erfolg!« Das scheint mir heute die bessere Weisheit zu sein, die aber auch schon lange bekannt ist, denn auch früher sagte man bereits: »Solange noch geredet wird, wird noch nicht geschossen.«

Bedingung ist aber, und das ist neu, dass über Wünsche konferiert wird und die Betroffenen keine Sprechblasen austauschen. Sie sind sicher schon Menschen begegnet, die gerne und viel erzählen und dabei »vom Hölzchen aufs

Stöckchen kommen«. Wenn ich es in solchen Situationen eilig habe, frage ich einfach nur: »Könnte es sein, dass Sie sich dieses oder jenes wünschen? Gerne würde ich mit Ihnen über Ihren Wunsch sprechen.«

Ich trete dafür ein, das Ausmaß an Feindseligkeit in dieser Welt zu reduzieren, und eine wesentliche Möglichkeit, dies zu erreichen, sehe ich darin, dass mehr und mehr Menschen sich diszipliniert Mühe geben, über ihre Wünsche zu reden anstatt ihren Aggressionen freien Lauf zu lassen. Denn Aggression ruft Gegenaggressionen auf den Plan und ein Krieg ohne Ende ist meist die traurige Folge.

Wenn Sie sich selbst zunehmend in die Lage versetzen, Ihren Wünschen auf den Grund zu gehen und sie sich in jeder Situation bewusst zu machen, und wenn Sie dann auch noch den Mut finden, sie zu äußern und nicht eher aufzugeben, als bis sie erfüllt sind, dann werden Sie eines Tages spüren, wie Ihr Selbstbewusstsein wächst und wächst. Sie werden auf einmal stolz auf sich sein können, wenn Sie besonders nach schwierigen Verhandlungen bemerken, dass Sie völlig cool nur über Ihre Wünsche geredet haben und die Angriffe Ihrer Kontrahenten abwehrten, indem Sie die Bereitschaft signalisierten, deren Wünsche zu erfahren. Gleichzeitig sollten Sie aber auch stolz darauf sein können, immer häufiger die Wünsche anderer, besonders natürlich die Ihrer Nächsten, richtig erraten zu haben und auch darauf eingegangen zu sein.

Die richtige Mischung zwischen der Umsetzung von eigenen Vorstellungen und der Rücksichtnahme auf die Partner ist das Kunststück. Gelingt dies, so wird ein hohes Selbstbewusstsein Ihr Lohn sein – und umgekehrt. (Es handelt sich hier um einen positiven Rückkoppelungskreis: Je mehr Selbstbewusstsein Sie haben, um so eher werden Sie sich trauen, Ihre Wünsche vorzutragen und um so eher werden Sie auch einmal für andere auf die Erfüllung Ihrer Wünsche verzichten können.)

Sie erinnern sich: Üben! Üben! Üben!

Noch eine letzte Empfehlung:

Um sich seiner Vorstellungen vom Leben bewusster zu werden, kann gelegentlich auch Schreiben hilfreich sein. Es gibt kaum etwas Grausameres, als vor einem weißen Papier zu sitzen mit der Absicht, aufzuschreiben, was einen gerade bewegt und wo man hinmöchte. Ich denke, es lohnt sich aber, immer wieder einmal schriftlich festzuhalten, wo man denn in fünf Jahren sein möchte und was man heute schon in die Wege leiten sollte, um dieses Ziel zu erreichen.

Leitfragen, die Ihnen weiterhelfen können:

1. Welche Gedanken bewegten Sie im Alter zwischen fünfzehn und zwanzig Jahren, welche Einfälle hatten Sie damals, was wollten Sie damals aus Ihrem Leben machen? (Die psychologische Erfahrung sagt, dass zu dieser Zeit die einem Menschen eigene Berufung am dichtesten unter der Oberfläche ruht und somit am ehesten dem Bewusstsein zugänglich ist.)
2. Die Inhalte welcher Bücher und Filme haben Sie damals fasziniert? Wo hätten Sie am liebsten gleich mitgespielt? (Welche Filme sehen Sie heute noch gerne?)
3. Gibt es nachts gelegentlich Träume, aus denen Sie Hinweise auf Ihre Berufung ableiten könnten?
4. Wissen Sie, was Sie alles nicht wollen? Vielleicht können Sie sich Ihrer wahren Bestimmung über ein Ausscheidungsverfahren annähern.

In diesem Kapitel haben Sie gelernt, dass Ihre Wünsche Ihnen den rechten Weg weisen können. In den weiteren Kapiteln werde ich Sie auf Blockaden hinweisen, die sich so manchem Menschen in den Weg stellen und ihn daran hindern, seiner wahren Bestimmung zu folgen. Sie werden angstbesetzte Verhaltens- und Denkverbote erkennen, und mit einiger Übung wird es Ihnen gelingen, sie zu löschen.

Der französische Philosoph Descartes formulierte einst: »Cogito ergo sum.« – »Ich denke, also bin ich.« Im Einklang mit den neusten wissenschaftlichen Erkenntnissen der Bewusstseinsforschung könnte man auch sagen: »Ich will, also bin ich« – vorausgesetzt man berücksichtigt, dass wir in unserem Wollen durch die Wünsche unserer Mitmenschen beschränkt werden.

Gott ist Liebe

(Erster Brief des Johannes 4,8)

3. Kapitel

Sein oder Können – das ist hier die Frage

Wenn einem Menschen die Mehrzahl seiner gerechtfertigten Wünsche in Erfüllung geht, empfindet er Glück. Dies war die Aussage des vorangegangenen Kapitels und im Umkehrschluß habe ich dargelegt: Wenn einem Menschen gerechtfertigte Wünsche lange genug versagt werden, staut sich in ihm ein zunehmendes Potenzial an Feindseligkeit auf.

So erkläre ich mir das so genannte Böse im Menschen. Als Beleg für diese Auffassung verweise ich auf die Hitler-Biographie, die von meinem hochverehrten Familientherapie-Lehrer Helm Stierlin verfasst wurde, aber auch auf die Ausführungen von Alice Miller über Hitler sowie auf ihre Recherche über den Kindermörder Jürgen Bartsch.

Je mehr Wünsche einem Menschen in der Kindheit versagt wurden, umso mehr wird er zur Feindseligkeit neigen. Es bedarf dann zum Ausbruch dieser anerzogenen Feindseligkeit nur noch des passenden Auslösers. Aber umgekehrt ist dieser Mensch verständlicherweise auch von einer großen Sehnsucht erfüllt, dass die in der Kindheit erlittenen Enttäuschungen eines Tages doch noch wieder gutgemacht werden könnten. Erscheint jetzt im Blickfeld eines solchen zu kurz gekommenen Menschen ein gegengeschlechtliches Individuum, das in seinem Verhalten signalisiert, dass es das bekommen hat und somit auch leben darf, was dem Frustrierten immer wieder vorenthalten oder verboten wurde, so springt der Mechanismus des Sichverliebens an: Die Attraktion des anderen ist, dass er etwas darf und lebt, was bei mir zutiefst und absolut tabuisiert ist.

Ein schlichtes Beispiel für diese sture Zwangsläufigkeit: Stellen wir uns einen Mann vor, der dazu erzogen wurde, sich stets nützlich zu machen, zu funktionieren, sich dem Willen anderer zu fügen, zu verzichten. Und prompt wird dieser junge Mann von einer Frau begeistert sein, die durch Spontaneität, Flippigkeit, Heiterkeit und Ausgelassenheit auffällt. Und sie wiederum wird auf ihn mit Neugier reagieren, denn seine besonnene und verantwortungsbewusste Art kann ihr nützlich sein, um ihr Flippigsein auch weiterhin ausleben zu können.

Für beide scheint auf einmal »das Gelobte Land in Sicht zu sein«, »der Himmel offen zu stehen«; Glückseligkeit für beide ist angesagt. In der Erwartung, dass die in der Kindheit erfahrenen Frustrationen nun doch noch auf einmal ihre Auflösung erfahren, wird dann auch gleich in einer großzügigen Generalisierung das Schönste und Wunderbarste in den anderen hineingeheimnisst. Diesem anderen werden Charaktereigenschaften zugesprochen oder vielmehr angedichtet, die jeglicher Grundlage entbehren. Man weiß einfach, dieser andere ist die Offenbarung!

Kein Mensch würde ein Auto, ein Haus, eine Aktie erwerben, ohne sich nicht vorher genauestens kundig zu machen, was es denn mit diesem Objekt auf sich hat. Beim Sichverlieben dagegen ist plötzlich alles klar, man weiß Bescheid und ist gegen jede Kritik immun. Bekanntlich kann man mit Verliebten nicht reden.

Ich will mich hier keineswegs über Verliebte lustig machen, denn die Sehnsucht etwas zu bekommen, wonach man sich bereits seit den ersten Lebenstagen sehnte, ist nur allzu verständlich. Schon andere haben für ein Linsengericht Haus und Hof verkauft.

Berechtigte Wünsche

In meinen weiteren Ausführungen möchte ich darlegen, welche Wünsche berechtigt sind, das heißt, welche Wünsche jedem Heranwachsenden erfüllt werden sollten. (Eine vernünftige Ernährung, ausreichende Bekleidung und eine sichere Behausung setze ich in unseren Breitengraden als gegeben voraus, obwohl mir bewusst ist, dass durch unseren wild gewordenen Kapitalismus für mehr und mehr Familien auch diese bisherigen Selbstverständlichkeiten zunehmend weniger gesichert sind.)

In modellhafter Vereinfachung können wir sagen, dass jeder Mensch einen Anspruch darauf hat, in seinem *Sein* und in seinem *Können* angenommen zu werden. Mit dem *Sein* bezeichne ich die Tatsache, dass es diesen einen Menschen gibt, dass er, so wie er ist, da ist. Mit dem *Können* meine ich die Handlungen, das Tun eines Menschen.

Wie bauen sich nun diese beiden Bereiche in einem Menschen auf? Das Gefühl für das eigene Sein entsteht durch die ungetrübte Zuwendung der Eltern. Sie sind es, die dem Kind immer wieder signalisieren (in Worten, mit ihrer Mimik, Gestik und durch den Klang der Stimme etc.), dass seine Anwesenheit gut ist, dass es herzlich willkommen ist. Gelingt es den Eltern, diese Botschaft zuverlässig über die Jahre zu vermitteln, so wird der Satz »Es ist gut, dass es dich gibt!« eines Tages zum Selbstläufer und das Kind oder der Jugendliche und später auch der Erwachsene wird bewusst oder unbewusst denken: »Jawohl, es ist gut, dass es mich gibt!«

Vor einiger Zeit erlebte ich folgende kleine Episode: Es

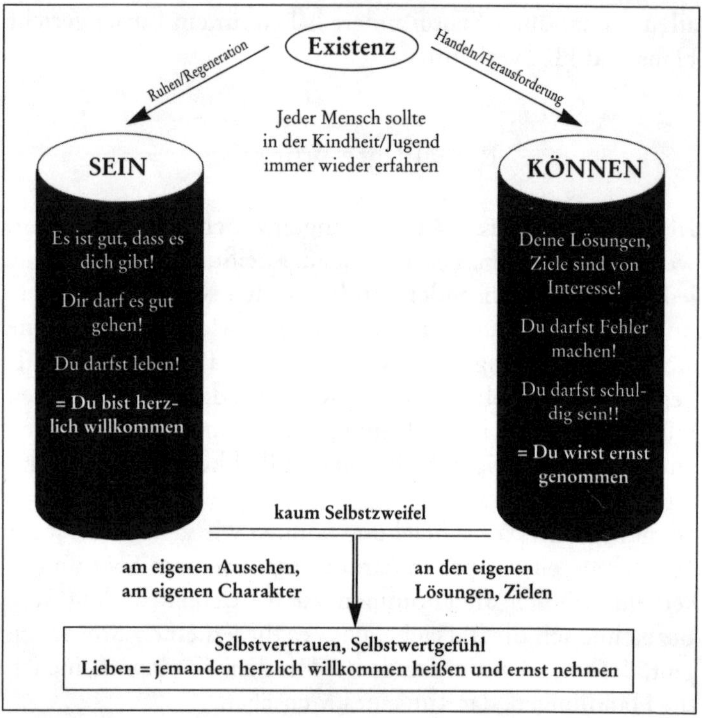

Abb. 2: Die Existenz eines Menschen ruht auf den beiden Säulen ***Sein*** *und* ***Können***

handelte sich um eine Einzelberatung mit einer 35-jährigen Klientin. Wir trafen uns zum dritten Mal, und um das Gespräch zu eröffnen, fragte ich sie: »Nun, was haben Sie denn für heute mitgebracht?« (Mit meiner Frage wollte ich erfahren, ob sie über ein bestimmtes Thema sprechen wollte.) Sie antwortete: »Na, mich natürlich, ist das denn für Sie nicht Belohnung genug?« Diese Klientin war offenbar in ihrer Kindheit zu 100 % herzlich willkommen geheißen worden. Anders ausgedrückt: Sie stand felsenfest im Sein.

Weiter konnte ich beobachten, dass Menschen, die in ihrer

Kindheit herzlich willkommen geheißen wurden, in aller Selbstverständlichkeit davon ausgehen, dass es ihnen gut gehen darf. Dies ist nicht weiter verwunderlich, denn wenn die Eltern der Überzeugung sind, »es ist gut, dass es das Kleine gibt«, werden sie auch zuverlässig für das Wohlbefinden ihres Sprösslings sorgen.

Im Erwachsenenleben – so meine Erfahrung – achten diese Menschen sorgsam darauf, dass sie sich nicht unnötig in Gefahr oder in sonstige ihnen unbekömmliche Situationen begeben, denn sie haben ja zutiefst verinnerlicht, dass es ihnen gut gehen darf.

Im Können wird sich ein erwachsener Mensch dann stark fühlen, wenn er in seiner Kindheit von seinen Eltern »von morgens bis abends« darin bestätigt wurde, dass seine eigenen Lösungen und Ziele von Bedeutung sind, wenn er immer wieder hören durfte: »Das allermeiste, was du machst, ist einfach spitze!« Dieser Mensch wird eines Tages stillschweigend davon ausgehen, dass sein Tun im Wesentlichen in Ordnung ist.

Und er wird der Überzeugung sein, dass er auch einmal ohne schlechtes Gewissen, das heißt ohne Angst, einen Fehler machen oder schuldig sein darf. Es wird ihn nicht gleich aus der Bahn werfen, wenn er den Erwartungen, die man an ihn stellt, einmal nicht gerecht werden kann. Er muss nicht alle seine Handlungen immerzu abwägen, sondern kann vieles durch Versuch und Irrtum ausprobieren, denn ihn plagt ja keine Angst, einen Fehler zu begehen.

Aber über ein wirklich unerschütterliches Selbstwertgefühl beziehungsweise Selbstvertrauen verfügt nur derjenige Mensch, der in seiner Kindheit sowohl im Sein als auch im Können optimal ausgestattet worden ist. So wie heute jeder vernünftige Fallschirmspringer über zwei Schirme verfügt, besitzt dieser Erwachsene zwei Möglichkeiten, seine Existenz zu sichern: Einmal kann er durch überzeugtes, eigenverantwortliches Handeln sein Leben selbst gestalten, aber er weiß auch, dass er andere – wo immer er auch auftaucht – spielend für sich einnehmen kann.

Wie steht's um Ihr Selbstvertrauen?

Ich möchte Ihnen nun einmal Mut machen, sich selbst einzuschätzen: Was meinen Sie, wie viel Prozent an »Es ist gut, dass es dich gibt!« haben Sie von Ihrem Elternhaus signalisiert bekommen (0–80 %) und wie viel Prozent (ebenfalls 0–80 %) an »Deine Lösungen und Ziele sind von Interesse!« wurden Ihnen vermittelt?
Sie haben nun die Auswahl zwischen fünf Möglichkeiten:

1. Du bist prima und was du tust, ist klasse: In Ihrer Selbsteinschätzung kommen Sie zu dem Ergebnis, dass Sie von Ihren Eltern sowohl im Sein als auch im Können bestens ausgestattet worden sind: Sie waren stets herzlichst willkommen und man hat daher auch unentwegt bestens für Sie gesorgt; man gewährte Ihnen einen großen Handlungsspielraum und die von Ihnen erzielten Lösungen wurden in den allermeisten Fällen für gut gehalten. Und wenn es Kritik gab, so in einer Form, die Sie weder demütigte noch bloßstellte.

Wenn es tatsächlich so war, so müssten Sie über ein großartiges Selbstwertgefühl verfügen, und nur wenige Zweifel an Ihrem Sein und an Ihrem Können beeinträchtigen Ihr Leben. Der Partner, dem Sie sich zuwenden, zeichnet sich in dem meisten Fällen durch ein ähnlich hohes Maß an Selbstsicherheit aus.

2. Wenn du schon da bist, so mach dich wenigstens nützlich: Sie gelangen zu der Erkenntnis, dass Sie in Ihrem

Elternhaus nur wenig bis gar nicht willkommen geheißen wurden. (Man hat Sie kaum beachtet, es gab immer wieder Vorhaltungen in der Art wie »Du bist noch mein letzter Sargnagel«, und auch Schläge.) Dafür aber wurde Ihnen von frühester Kindheit an sehr viel Verantwortung aufgebürdet. Sie mussten beispielsweise Ihre kleineren Geschwister hüten oder Ihrer Mutter eine Stütze sein, weil der Vater beruflich viel unterwegs oder überhaupt nicht vorhanden war.

Ein solches Szenarium würde bedeuten, dass Sie im Sein nur ganz wenig, dafür aber im Können sehr viel erfahren haben. In dieser Weise programmiert, ist jetzt das Risiko groß, sich in einen Partner zu verlieben, der – genau umgekehrt – im Sein sehr viel und im Können sehr wenig mitbekommen hat.

Man könnte meinen, dass dies eine ideale Kombination darstellt, hat doch ein jeder von den beiden etwas, was dem anderen fehlt. Eigentlich müssten sich beide doch perfekt ergänzen. Aber genau das Gegenteil ist der Fall: Derjenige, der im Können gut ausgestattet und dadurch im Handeln hoch kompetent ist (wir nehmen hier einmal an, es sei der Mann), wird seiner Partnerin immer wieder nachweisen, dass diese mit »zwei linken Händen« auf die Welt gekommen ist und einfach nichts richtig machen kann. Nun, mit diesem Vorwurf ist die so Beschimpfte ja seit ihrer frühesten Kindheit vertraut. Im Gegenzug wird sie – als diejenige, die im Sein bevorzugt wurde – ihre Überlegenheit demonstrieren, indem sie keine Gelegenheit auslässt, ihren Partner spüren zu lassen, dass sie ihn in charakterlicher Hinsicht für wenig gefestigt hält.

3. Du brauchst nichts zu beweisen, es reicht, dass du schön bist. Wenn Sie über Ihre Kindheit nachdenken, werden Sie gewahr, dass Ihre Eltern über Ihre Anwesenheit stets hoch erfreut waren. Sie waren der Sonnenschein Ihrer Erzeuger, Ihre Eltern scheuten weder Kosten noch Mühen, um Ihnen jeden Stein aus dem Weg zu räumen, Sie waren einfach der Prinz oder die Prinzessin, für den/die alles getan wurde.

Ein solches Szenarium bedeutet, das Sie im Sein über die Maßen bedient, im Können aber äußerst kurz gehalten wurden. Und wenn Sie es einmal wagten, eigenmächtig zu entscheiden und zu handeln, so wurde Ihnen sublim oder auch grob klargemacht, dass Ihnen eine solches Vorgehen nicht zusteht. Sofort fühlten Sie sich schuldig, weil Sie die Erwartungen anderer enttäuscht hatten.

Bei einer solchen psychodynamischen Ausstattung ist die Gefahr groß, sich in jemanden zu verlieben, der in seiner Kindheit über Können groß geworden ist (vgl. Punkt 2).

4. Du machst was her, aber irgendwie bringst du es auch nicht: Sie haben den Eindruck, dass es für Sie nicht ganz so leicht ist, eine Entscheidung darüber zu treffen, wie stark Sie selbst und Ihre Fähigkeiten in Ihrer Kindheit gewürdigt worden sind. Wenn Sie zurückdenken, finden Sie, dass Ihre Jugend eigentlich ganz in Ordnung war. Sie brauchten sich wenig Gedanken um Ihre Existenz zu machen. Sie waren einfach da, und wenn Sie Trost brauchten, gab es auch immer jemand, der Ihren Kummer auffing. Da und dort wurden Sie zum Mithelfen herangezogen, aber man beanspruchte Sie niemals über Gebühr.

Ein solches Szenarium würde bedeuten, dass Sie im Sein vielleicht zu 60 %–70 % bedient und im Können mit 40 %–50 % ausgestattet wurden. Sie neigen daher zu einer gewissen Bequemlichkeit, das heißt, Sie sind der Auffassung, man müsse nicht immer gleich nach vorne stürmen, nicht stets die Initiative an sich reißen. Ihnen liegt es eher, erst mal abzuwarten und zu schauen, ob sich nicht alles von allein regelt.

Sollten Sie sich mit dieser Beschreibung identifizieren

können, so könnte es sein, dass Sie auf Partner aufmerksam werden, die sich durch Initiative und Engagement auszeichnen, denen es schwer fällt, auch einmal stillzusitzen.

Zu Beginn werden Sie ein solches Bündel an Dynamik faszinierend finden, mit der Zeit aber wird Ihnen dieser Unruheherd doch ziemlich auf die Nerven gehen, zumal Sie immer öfter zu hören bekommen, wie unerträglich träge Sie selbst sind.

5. Unscheinbar, aber auf den zweiten Blick ganz ordentlich: Als letzte Variante könnte es sein, dass Sie sich in Ihrer Kindheit leidlich oder nur wenig geliebt fühlten, aber Ihr Job war es, immer wieder zu vermitteln, mal dem einen Elternteil Ihr Ohr zu leihen, dann wiederum dem anderen. Immer wieder mussten Sie dafür sorgen, dass alles im Fluß blieb. Außerdem fanden Ihre Leistungen, insbesondere Ihre Schulnoten, Anerkennung. Man war an Ihrem schulischen, später Ihrem beruflichen Fortkommen interessiert. Wenn Ihre Kindheit so verlief, dann heißt das, dass Sie im Sein zu ca. 40 % und im Können zu 60 %–70 % anerkannt, geliebt wurden.

Bei Ihnen besteht demnach das Risiko, sich in jemanden zu verlieben, der sich eher im Sein wohl fühlt – etwas, was Ihnen ja in der Kindheit versagt geblieben ist – und der demnach das Handeln, das Ergreifen von Initiative gerne anderen überlässt. Er hält sich gerne heraus, während Sie es lieben, Aufgaben und Probleme direkt anzugehen.

Mit der Zeit könnte es sein, dass Sie sich ausgenutzt fühlen und auf Ihren gemütlichen Partner zunehmend sauer reagieren. Der aber wiederum beschwert sich bei Ihnen, dass Sie ihm immer alles vorschreiben und er kaum eine Chance hat, sich gegen Sie durchzusetzen.

Was ärgert Sie am meisten?

Wenn Sie immer noch unsicher sind, wie Sie sich in Bezug auf Sein und Können selbst einschätzen sollen, können Sie sich auch dadurch helfen, dass Sie überlegen, was Sie besonders ärgert:

- Reagieren Sie empfindlich darauf, wenn sich jemand an Ihrer Seite als unzuverlässig erweist,
- oder können Sie es gar nicht leiden, wenn Sie ein anderer nicht ernst nimmt?

Wenn Sie sehr sensibel auf Unzuverlässigkeiten von Mitmenschen reagieren, haben Sie dies bereits in Ihrer Kindheit erfahren, das heißt, Sie wurden nicht sehr herzlich willkommen geheißen. Eltern, die sich – aus welchen Gründen auch immer – nicht uneingeschränkt über ihren Nachwuchs freuen können, fehlt häufig die Kraft, ihre Kinder, so wie sie sind, anzunehmen. Die fehlende emotionale Stabilität erleben Kinder als Unverbindlichkeit oder Unzuverlässigkeit, und folgerichtig baut sich in ihnen eine Allergie gegen diese Eigenschaften auf. Noch als Erwachsene leiden sie unter einem Mangel an Selbstwertgefühl im Sein.

Wenn Sie es nun gar nicht leiden können, nicht ernst genommen zu werden, kennen Sie dieses Gefühl bereits aus Ihrer Kindheit: Ihr Handeln und Ihre Ziele waren nicht von Interesse, das heißt, bereits damals wurde Ihr Können nicht ernst genommen.

Es gilt der Satz: Immer wenn wir im Erwachsenenleben überreagieren, uns vor irgendetwas unangemessen fürchten, ist das im Grunde genommen überflüssig, denn es ist schon lange mit uns gemacht worden und wir haben es ja überlebt! Aber eine solche angstbesetzte Bedeutungszuteilung sitzt erst einmal wie festgebrannt in unserem Gehirn und steuert immer wieder fast zwanghaft unser Verhalten.

Ein Beispiel: Letzten Sommer holte mich meine Kindheit noch einmal sehr eindrücklich ein: Von Neujahr bis zu den Sommerferien hatte ich viel zu tun, und so gönnte ich mir während der ersten drei Urlaubstage im Salzkammergut an einem wunderschönen kleinen Bergsee ein wohliges Ausruhen. Ich verbrachte einige Stunden des Tages schlafend unter dem Sonnenschirm und ging nur hin und wieder ins Wasser. Prompt träumte ich in der dritten Nacht, dass ein so fauler Mensch wie ich keine Lebensberechtigung habe und erschossen werden müsse (1945/46 habe ich den Einmarsch der Russen in Stolp/Pommern erlebt, und zweimal sollten wir liquidiert werden). An der Erschießungsmauer aufgestellt, wachte ich panikartig auf und wusste auch gleich – Mutter lässt grüßen! Ich habe ja bereits erwähnt, dass es ungute Folgen hatte, wenn ich in meiner Kindheit von meiner Mutter untätig erwischt wurde.

Nun, noch in derselben Nacht gab ich mir aus tiefstem Herzen die Erlaubnis, auch am vierten Tage noch dem Müßiggang zu frönen. Meiner Mutter gebot ich, sich aus meinen Entscheidungen herauszuhalten. Es wirkte, die nächste Nacht konnte ich ungestört durchschlafen.

Was ärgert Sie nun mehr? Unzuverlässige Mitmenschen oder solche, die Sie nicht ernst nehmen, oder gar beides? Sollte letzteres der Fall sein, so müssten Sie noch herausfinden, welche von beiden Kränkungen Sie mehr berührt. Wenn Ihnen nun auch diese Fragestellung nicht geholfen hat, sich Klarheit über Ihre Kindheit zu verschaffen, so gibt es noch eine dritte Möglichkeit der Selbsterkenntnis. Fragen Sie sich: Was löst bei Ihnen Selbstzweifel aus? Hadern Sie eher mit Ihrem Charakter, Ihrem Aussehen, Ihrer Erscheinung – also mit Ihrem Sein? Oder aber denken Sie allzu häufig darüber nach, ob Sie alles richtig gemacht haben, ob Sie allen Leuten gerecht wurden oder ob Sie schon wieder schuldig geworden sind?

Ich hoffe, Sie sind sich inzwischen über Ihre Kindheit beziehungsweise über sich selbst klarer geworden. Haben Sie zum Beispiel festgestellt, dass Ihr Vater beruflich zu eingespannt war, um jemals Zeit für Sie zu haben, und Ihre Mutter lebenslang darunter litt, dass sie wegen der Kinder ihren Beruf an den Nagel hatte hängen müssen, dann war es Ihren Eltern wohl kaum möglich, Sie aus ganzem Herzen willkommen zu heißen und Ihnen die Gewissheit zu vermitteln, dass Ihre Anwesenheit uneingeschränkt gut ist. Des Öfteren mussten Sie allein zurechtkommen. Für Trost waren Sie alleine zuständig. Und heute holen sie Ihren Selbstwert vorrangig aus Leistung.

Wenn dem so ist, so möchte ich Ihnen hiermit Mut machen, dass Sie sich ab heute mehrmals täglich im Sinne der Autosuggestion vorsagen, dass es einfach spitze ist, dass es Sie gibt!!! Tun Sie dies bitte nicht als vordergründiges Lippenbekenntnis, sondern dieser Satz muss aus dem tiefsten Bauch herauskommen.

Es ist gut, dass es mich gibt!

Eigentlich bedarf es keiner Rechtfertigung, an sich zu glauben. Sollten Sie dennoch Schwierigkeiten damit haben, sollten Sie sich mit den folgenden vier Argumenten bekannt machen. Sie können Ihre Motivation unterstützen:

1. Vom Standpunkt der Evolution aus stellen Sie genetisch gesehen ein großes Kapital dar! Nach Richard Dawkins sollten wir nicht mehr sagen: »Da sind Körper und in denen gibt es Gene«, sondern viel sinnvoller ist es anzuerkennen, dass primär die Gene da sind, die sich die verschiedensten Körper aussuchen, um in ihnen fortzubestehen. »Am Südpol benutzen die Gene zum Überleben Pinguine, am Nordpol Eisbären und in mittleren Breiten-

graden uns Menschen.« In Ihnen ruht also ein Schatz an millionenfacher Erfahrung Ihrer Vorfahren (!): Es ist gut, dass es Sie gibt!

2. Aus theologischer Sicht sind Sie ein Abbild Gottes und von daher vollkommen: Es ist gut, dass es Sie gibt!
3. Die Konsequenz aus Ihrer Anwesenheit hier auf diesem Planeten ist, dass sich eine ganze Reihe Ihrer Mitmenschen weniger einsam fühlen. Bekanntlich können wir Menschen Einsamkeit nicht gut ertragen – so lebt zum Beispiel ein alter, allein stehender Mensch mit Hund länger als ohne, und die schlimmste Strafe, die wir Menschen uns gegenseitig antun können, ist neben der Folter die Isolation. Ihre pure Anwesenheit trägt zum Wohlbefinden anderer Menschen bei, denn in Ihrer Nähe sind sie nicht allein: Es ist gut, dass es Sie gibt!
4. Aus erkenntnistheoretischer Sicht ist Ihre Anwesenheit ebenfalls von großem Wert, denn kein anderer Mensch hat die Ihnen eigene Wahrnehmungsweise! Sie hören, fühlen, sehen, schmecken, riechen anders als Ihre Mitmenschen und dadurch schaffen Sie einen Unterschied. (Grundvoraussetzung aber für Erkenntnis ist das Vorhandensein von Unterschieden; nachts sind alle Katzen grau und wir brauchen das Böse – leider –, um das Gute zu erkennen.) Mit Ihren in der Kindheit anerzogenen Bedeutungszuteilungen haben Sie ganz andere Auffassungen von all den Dingen um Sie herum als Ihre Partner, und schon tragen Sie zu deren, aber auch zur eigenen Bereicherung bei: Es ist gut, dass es Sie gibt!

Meiner Mutter war es aus mir heute verständlichen Gründen versagt, mich im Sein ausreichend auszustatten, und so lernte ich mich über viele Jahre hinweg durch Können zu definieren, bis mir eines Tages in Form einer schweren Erkrankung die Quittung präsentiert wurde. Erst als ich mich vom

Tod bedroht fühlte, erkannte ich die Einseitigkeit meiner bisherigen Lebensgestaltung und die Notwendigkeit, daran etwas zu ändern. Ich erhielt die Chance zu lernen, mich auch im Sein anzunehmen und lieben zu können.

Sollten Sie aber durch die Selbstanalyse erkannt haben, dass Sie in Ihrer Kindheit im Können weniger akzeptiert wurden, so dürfen Sie sich ab heute die Erlaubnis geben: »Ich darf Fehler machen!« – »Ich darf auch einmal schuldig sein!« – »Ich darf auch einmal die Erwartungen der anderen enttäuschen!« Stehen Sie in Zukunft zu Ihren Lösungen und Zielen und sagen Sie sich in bewusster Übertreibung gelegentlich vor: »Ich bin das Gesetz!«

Ich hoffe, es ist deutlich geworden, dass ein stabiles Selbstvertrauen stets aus zwei Quellen gespeist werden muss: Nur wen kaum Zweifel über sein Sein und kaum Zweifel über sein Können plagen, wird unbeirrt seinen Weg gehen und sein Leben auch genießen können.

Bewusst schreibe ich »kaum Zweifel ...«, denn wer gar nicht mehr zweifelt, hört auf zu lernen. Ein »Restzweifel« sowohl im Sein als auch im Können sollte stets übrig bleiben, denn ich stehe zu der Überzeugung, dass es die Quintessenz der Natur ist zu lernen. Ich begreife den Kosmos als einen fortschreitenden Lern- und Erkenntnisprozess und sehe mich in dieser Auffassung zum Beispiel durch die Beobachtung bestärkt, dass bis ins hohe Alter lernwillige Menschen weit jünger aussehen als Individuen, für die schon vom dreißigsten Lebensjahr an alles klar war.

Somit macht es auch keinen Sinn, sich über ein defizitäres Elternhaus zu beklagen – die Vergangenheit ist vorbei und kann nachträglich nicht mehr verändert werden. Nein, es ist viel interessanter, anerzogene, unzweckmäßige Tabus zu erkennen und sich daranzumachen, sie langsam außer Kraft zu setzen. Diese Einsicht ist so neu auch wiederum nicht, denn Sie kennen sicherlich den Satz: »Wer immer strebend sich bemüht, den können wir erlösen.« (Der Engel in Faust I, 5. Akt)

Interessant ist für mich nun noch folgende Beobachtung: Wenn zum Beispiel anlässlich eines Kongresses ein Referent vorträgt, der in seiner Kindheit im Sein weniger gut ausgestattet worden ist, sich jedoch durch eine hohe Kompetenz im Können auszeichnet, so wirkt er dennoch lange nicht so überzeugend wie ein Kollege, der nichts Neues auszuführen weiß, dafür aber felsenfest im Sein steht.

Dieser Satz ist nicht aus Neid geboren, sondern ich möchte vielmehr jungen Eltern Mut machen, die Betonung bei der Erziehung ihrer Kinder auf die Anerkennung im Sein zu legen und nicht gleich zu versuchen, dem Säugling das Einmaleins beizubringen. (Die Betonung des Könnens erfolgt dann im Kindergarten und spätestens in der Grundschule noch früh genug, und am Arbeitsplatz werden wir bekanntlich auch nur für unser Können und nicht für unser Sein bezahlt.)

Abschließend möchte ich Sie ermutigen, sich in Zukunft ausgewogen immer wieder einmal im Sein als auch im Können zu würdigen, wertzuschätzen und zu lieben, denn letztlich wird der Kosmos durch Liebe zusammengehalten. Gott ist Licht, Gott ist Liebe, und so dürfen wir uns selbst lieben in unserem bloßen Dasein und auch im Handeln. Erst wenn wir in der Lage sind, uns selbst liebend anzunehmen, besitzen wir die Fähigkeit, auch andere zu lieben.

Unabdingbare Voraussetzung für eine gelungene Partnerschaft ist also die Fähigkeit, sich erst einmal selbst in allen nur denkbaren Bereichen lieben zu können. Bin ich hierzu in der Lage, habe ich es nicht mehr nötig, jemandem zu verfallen, dem exakt das erlaubt ist, was mir verboten ist: Ich bin davor gefeit, mich in der Verliebtheitsfalle zu verstricken, und entkomme ihren Unglück bringenden Konsequenzen. Sich verlieben schließt lieben aus und umgekehrt.

I did it my way

(Frank Sinatra)

4. Kapitel

Dein Wunsch sei mir Befehl

Im Erwachsenenalter stehen wir Menschen immer wieder vor einer schier nicht lösbaren Aufgabe: Zum einen sind wir von Natur aus als Gemeinschaftswesen konzipiert und auch auf Gemeinschaft angewiesen (keiner von uns kann auf die Dauer völlig auf sich allein gestellt überleben); zum anderen aber verfügen wir über ein Bewusstsein und kennen somit auch unsere ureigenen Wünsche, von denen doch möglichst viele in Erfüllung gehen sollten. Es ist somit die Kunst des Kompromisses gefordert. Dementsprechend definiere ich:

Selbstbestimmung/Abgrenzung = Für etwas sein unter Berücksichtigung der Wünsche anderer.

Mit *»Für etwas sein«* meine ich die Fähigkeit zu einer konstruktiven Provokation. Menschen, die über diese Fähigkeit verfügten oder verfügen sind zum Beispiel: Christus, Gandhi, Nelson Mandela und Václav Havel. Sie alle waren oder sind Menschen, die manchen ihrer Zeitgenossen zwar gar nicht gefallen haben (den Herrschenden), die aber für die Mehrheit ihrer Landsleute einen Fortschritt, eine Verbesserung ihrer Lebenssituation herbeiführen wollten. Auch die Entdeckung des heliozentrischen Weltbildes durch Galileo Galilei war eine konstruktive Provokation, denn die Macht der katholischen Kirche beruhte auf der Behauptung, dass die Erde der Mittelpunkt des Kosmos sei.

Heute bräuchten wir dringendst eine konstruktive Provokation im Bereich unseres Wirtschaftslebens. Ich denke, es ist offensichtlich, dass die derzeitige Form des (wild gewordenen) Kapitalismus letztlich auf die Zerstörung unseres Planeten hinausläuft. Da wir Menschen aber Teil der Erde sind, können wir uns nicht straffrei über alle Zusammenhänge der Natur hinwegsetzen, wenn wir nicht mit ihr untergehen wollen. Eine Wirtschaftstheorie also, die im Einklang mit der gesamten Natur steht, würde sicherlich für die derzeit Herrschenden (Banken und Konzerne) eine nicht tolerierbare Provokation darstellen. Für die Mehrheit der Menschen allerdings wäre eine solche Lehre im Sinne des weiteren Überlebens konstruktiv.

Unter *»Berücksichtigung der Wünsche anderer«* verstehe ich die Fähigkeit, sich die Wünsche anderer zu eigen zu machen, das heißt, sich gemäß dieser Wünsche zu verhalten, weil man ihnen innerlich zustimmt.

Eine kleine Geschichte, die der Psychoanalytiker P. Watzlawick anlässlich eines Kongresses zum Besten gegeben hat, möge diesen Sachverhalt verdeutlichen: Ein junger Bursche, voll in der Pubertät, joggt durch den Stadtpark. Da er heute schneller als üblich müde geworden ist, möchte er den Weg abkürzen und quer durch die Anlagen sprinten. Da sieht er im letzten Moment am Wegesrand eine Messingtafel, auf der zu lesen steht: »Das Betreten der Rasenflächen und Blumenbeete ist verboten und wird mit einer Geldstrafe bis zu 500 DM bestraft. Der Stadtrat.«

Unser junger Mann hat nun drei Möglichkeiten zu reagieren:

- Er joggt trotzig und das Risiko der Strafe auf sich nehmend mitten durch die Blumenbeete.
- Er läuft zähneknirschend auf dem Kiesweg weiter mit

dem Gedanken: »Wenn ich den Bürgermeister mal nachts erwische, dem drehe ich den Hals um.«
- Er läuft lächelnd auf dem Kiesweg weiter mit der Überlegung: »Mein Gott, ich möchte doch auch, dass hier alles heil und eine Augenweide bleibt!«

Letztere Einstellung bezeichne ich mit dem Begriff einer Anpassung unter eigener Zustimmung.

Es ist wohl jedem unmittelbar einsichtig, dass keine Gesellschaft ohne ein Minimum an gegenseitiger Rücksichtnahme beziehungsweise Anpassung auskommt. Die Menschheitsgeschichte beweist, dass noch jede Gesellschaft unterging, in der der nackte Egoismus – vor allem der der Herrschenden – überwog.

Nun erhebt sich die Frage, wie denn ein Mensch lernen kann, diese komplizierte Fähigkeit zur Selbstbestimmung zu erlangen.

Wie aus deinen Wünschen meine werden ...

Bekanntlich kommen wir Menschen im Vergleich zu den meisten Tieren sieben Monate zu früh auf die Welt. (Würden wir später geboren, wäre kein weibliches Becken weit genug, einen solch großen Kopf passieren zu lassen.) Wir sind daher in den ersten Monaten noch absolut unreif und auf extreme Fürsorge und Pflege angewiesen. Dies kann von der Mutter nur im Rahmen einer funktionierenden Kooperation mit anderen Erwachsenen, zum Beispiel dem Vater, geleistet werden.

Außerdem kommen wir als instinktreduzierte Wesen auf die Welt, das heißt, im Vergleich zu Tieren sind wir in unserem Verhalten nicht mehr so festgelegt. Da die Natur die festgelegte Steuerung unserer Handlungen über Instinkte

Eine zweckmäßige Erziehung bietet

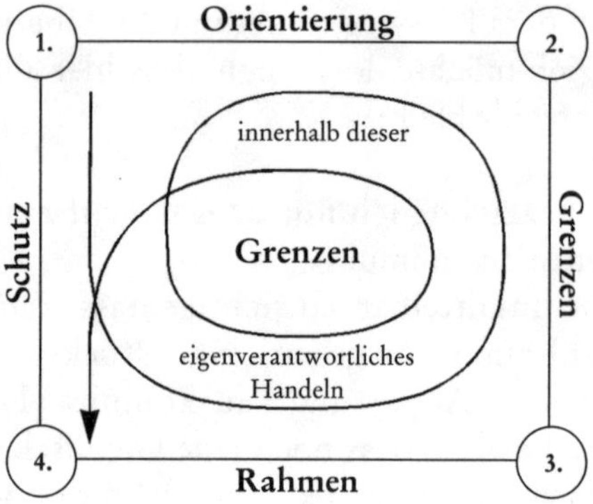

Folgende Bedingungen müssen erfüllt sein:

- Einigkeit
- Eindeutigkeit der Wünsche
- Konsequenz
- Lob
- Verantwortlichkeit
- Zeit haben

1. Essenszeit-Ritual
2. Schlafenszeit-Ritual
3. Eigenzeit-Ritual
4. Ritual der gemeinsamen Zeit = Geborgenheit, Sicherheit

und ermöglicht so die Fähigkeit zur Selbstbestimmung

Abb. 3: Eine zweckmäßige Erziehung

deutlich zurückgenommen hat, verfügen wir zwar über eine weit größere Variationsbreite im Umgang mit der Umwelt, aber wir büßen dadurch auch an Verhaltenssicherheit ein, denn was uns nicht angeboren ist, müssen wir durch Erziehung mühsam erlernen.

Kinder brauchen einen Rahmen, Orientierung, Grenzen!

Dieser Rahmen sollte dem Alter des Kindes entsprechen und die Grenzen festlegen, innerhalb derer es sich selbst, seine Kräfte und Phantasien erproben kann. Mit jedem Entwicklungsschritt sollte der Handlungsspielraum verständlicherweise aufs Neue definiert, das heißt wieder ein Stückchen erweitert werden. Eine solche Orientierung für den Jugendlichen entsteht nun etwa dadurch, dass die Eltern unverrückbare Eckpunkte setzen, wie sie in der Abbildung 3 durch die Punkte 1–4 dargestellt sind. Ein Beispiel:

1. In unserer Familie gibt es ein Essenszeit-Ritual: Mittags setzen wir uns um 12 Uhr zu Tisch. Vorher werden noch die Hände gewaschen. Dann spricht ein Familienmitglied das Tischgebet. Gegessen wird das, was auf den Tisch kommt, und geschmatzt wird nicht!
2. Wir haben auch ein Schlafenszeit-Ritual: Um 20 Uhr Zähneputzen und umziehen für die Nacht. Dann liest die Mutter oder der Vater noch eine Geschichte vor. Vielleicht wird noch ganz leise ein Lied gesummt, Gutenachtkuss, und dann ist Ruhe bis morgens früh um 7 Uhr!
3. Die Mutter legt Wert auf ein Ritual der Eigenzeit: Von 13 Uhr bis 14 Uhr schläft sie und ist »unter einem doppelten Schädelbasisbruch« nicht zu wecken! Als ich dies letzthin gegenüber einer jungen Familie erwähnte, meinte die Mutter lachend: »Jawohl, dieser Part klappt bei uns bereits hervorragend. Als ich neulich wegen seltsamer Geräusche aus dem Mittagsschlaf hochschreckte, fand ich meine beiden Töchter, sechs und acht Jahre alt, im Keller damit beschäftigt, einen Wasserrohrbruch abzudichten. ›Mutti, wir sollten dich doch nicht wecken …‹«
4. Und selbstverständlich gibt es in der Familie auch Rituale der gemeinsamen Zeit, wie zum Beispiel den sonntäglichen Spaziergang durch die Natur.

Rituale vermitteln Geborgenheit und Sicherheit! Und da wir Menschen immer wieder so schnell vergessen, sind diese gemeinsamen Aktionen regelmäßig und möglichst oft zu wiederholen. Jede Religion hat diese Erkenntnis verinnerlicht und lädt daher ihre Mitglieder zu immer wiederkehrenden gemeinsamen Ritualen ein.

Nun muß aber eindringlichst betont werden, dass ein solcher Rahmen nur dann seine Wirkung auf Heranwachsende zeigt, wenn folgende Bedingungen erfüllt sind:

1. *Einigkeit der Eltern* in grundlegenden Erziehungsansichten. Schon die alten Römer formulierten klug: »Teile und herrsche!« Und unsere Kinder sind nicht minder dumm. Hellhörig und feinfühlig erspähen sie jede Uneinigkeit ihrer Eltern und spielen diese dann geschickt gegeneinander aus. Gerade heute in unserer so genannten offenen Gesellschaft, wo die Handlungsanweisungen der Kirche, aber auch der staatlichen Institutionen kaum mehr zum Tragen kommen, es also kaum mehr verbindliche Erziehungstrategien gibt, ist das Elternpaar um so mehr gefordert, sich auf eine gemeinsame Auffassung vom Leben zu einigen.
2. *Eindeutigkeit der Wünsche der Eltern.* Letzthin meinte ein Junge von siebzehn Jahren: Mein Elternhaus ist ein Minenfeld. Irgend etwas dünsten die Alten stets aus, aber was sie genau wollen, verraten sie nie! (Er hatte nicht Unrecht, denn auch ich hatte die größte Mühe, von den beiden Erwachsenen auf meine Fragen präzise Antworten zu bekommen.) Der Brauch beim Militär, aber auch in der Kommunikation zwischen Tower und Pilotenkanzel, wichtige Botschaften zu wiederholen, kann gelegentlich auch in Familien von Nutzen sein.
3. *Konsequenz*: Eine einmal installierte Spielregel gilt – bis auf Widerruf – immer. Es gibt möglichst keine Ausnahmen. Verständlicherweise tun sich, bezogen auf diesen Punkt, allein erziehende, berufstätige Mütter besonders schwer. Da sie häufig von einem schlechten Gewissen geplagt werden, nicht genug Zeit für ihre Kinder zu haben, neigen sie dazu, allzu schnell nachzugeben. Aber auch Eltern, die noch in ihrer Kindheit eine extrem autoritäre Erziehung hatten erdulden müssen, sind manchmal anfällig für eine Laisser-faire-Auffassung.
4. *Lob*: Kinder unterscheiden nicht zwischen Lob und Tadel. Ihnen ist nur wichtig, dass »die Alten« reagieren.

Schauen nun die Eltern vorrangig dann hin, wenn der Heranwachsende etwas Verbotenes inszeniert hat, so wird er dazu neigen, auch in Zukunft immer wieder etwas Unerwünschtes anzustellen.
Mein Hund ist gut erzogen, bis auf einen Punkt. Als er klein war, wollte ich nicht, dass er unnötig bellt und dadurch die Nachbarn stört. Also schimpfte ich jedesmal, wenn er bellte. Nun ja, heute bellt er fleißig.
Haben Sie heute schon mal wen gelobt? Ich erlebe unsere gesamte Gesellschaft so betont negativ. Was in Ordnung ist, ist nicht der Rede wert. Aber wenn einmal eine Unregelmäßigkeit vorkommt, dann ist das Geschrei sofort riesengroß. Versuchen Sie doch einmal ein klein wenig mehr dort hinzusehen, wo sich die Dinge Ihrem Geschmack entsprechend entwickeln, und teilen Sie Ihre Freude darüber auch einmal anderen mit.

5. *Verantwortlichkeit*: Ein Kind sollte frühzeitig mit den Folgen – positiven wie negativen – seines Handelns konfrontiert werden. Es mag ein Glas fallen lassen, nicht so schlimm, aber es bringt auch die Scherben weg. Ein Fünfzehnjähriger mag morgens früh einmal verschlafen, aber dann verpasst er eben auch den Bus und kommt zu spät zur Schule. Es ist nicht Aufgabe seiner Mutter, ihn in rasender Fahrt noch rechtzeitig zum Unterricht zu bringen.
   Meine persönliche Statistik zeigt mir auf, dass heute immer weniger Jugendliche bereit sind, Verantwortung zu tragen. Dies ist aber nicht den Heranwachsenden anzulasten, sondern vielmehr uns Eltern, die den Kindern viel zu viel abgenommen haben: Die Welt im wahrsten Sinne des Wortes begreifen können nur Menschen, die gelernt haben, eigenverantwortlich zu handeln, und damit auch in der Lage sind, für Pleiten, Pech und Pannen geradezustehen.
6. *Zeit haben*: Kinder lernen vorrangig durch Identifikation beziehungsweise durch Nachahmung. Wie sollen sie denn

nun aber lernen, wenn niemand in der Nähe ist, den sie nachahmen könnten? Manche Vorwürfe der heutigen Jugend an uns sind sicherlich aus der Luft gegriffen, aber ihre Beschwerden darüber, dass wir Erwachsene zu wenig Zeit für sie haben, halte ich für berechtigt.

Die in den Punkten 1–6 aufgelisteten Wünsche an ein Elternhaus sind sicherlich idealtypisch und in dieser reinen Form nicht realisierbar. Aber ein Bemühen in diese Richtung vermittelt einem Kind bereits das Gefühl von Geborgenheit und Sicherheit und signalisiert ihm, dass es geliebt und ernst genommen wird.

In Abbildung 3 habe ich versucht darzustellen, wie ein Elternhaus aussehen sollte, in dem ein Kind die Befähigung zur Selbstbestimmung erlernen kann. In Abbildung 4 dagegen möchte ich darstellen, welche Faktoren besonders hinderlich sind.

Wie aus der Abbildung ersichtlich wird, lassen sich vor allem drei Erziehungsstile beobachten, die negative Auswirkungen auf die Fähigkeit zur Selbstbestimmung haben:

Die Eltern setzen einen sehr engen Rahmen, das heißt, sie bevormunden ihr Kind in allen Lebensbereichen. Dem Kind wird mehr oder weniger jeder Schritt vorgeschrieben, ein eigenverantwortliches Ausprobieren wird kaum zugelassen. Immer wieder bekommt das Kind Sätze wie die folgenden zu hören: »Solange du deine Füße unter unseren Tisch ...« Oder: »Das haben wir schon immer so gemacht!« Oder: »Was sollen denn die Leute dazu sagen!« Oder: »Wenn du dieses oder jenes tust, brauchst du hier gar nicht mehr auftauchen, dann bist du enterbt!«

Glücklicherweise kommen heute nicht mehr viele Kinder in den »Genuss« einer solchen Erziehung, die bis in die sechziger Jahre favorisiert wurde und die den älteren Generationen

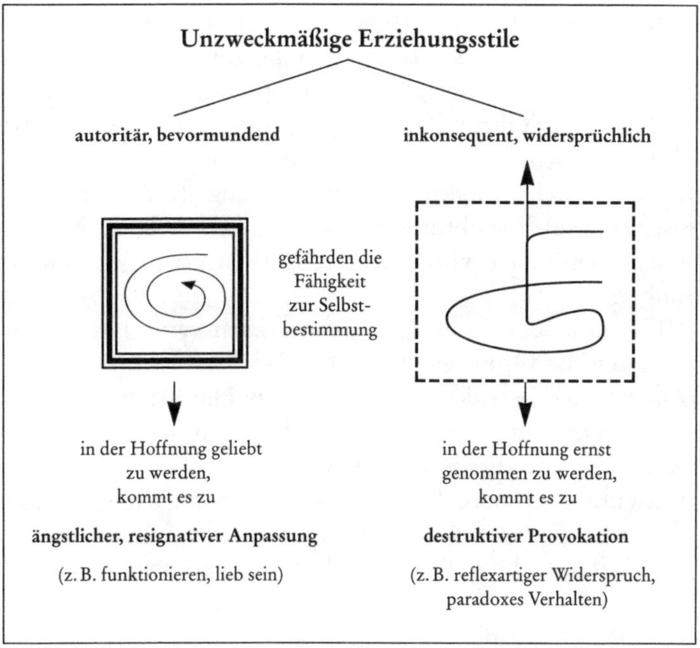

Abb. 4: Unzweckmäßige Erziehung

aus eigener – leidvoller – Erfahrung noch bestens bekannt ist. Ein Mensch, der ein solches Elternhaus durchlaufen musste, verhielt sich als Erwachsener meist angepasst oder wurde sogar zum Duckmäuser – eine Haltung, für die wir Deutsche früher berühmt waren. (War es nicht Lenin, der einst spottete: »Wenn deutsche Revolutionäre einen Bahnhof stürmen, lösen sie vorher noch eine Bahnsteigkarte.«) Aus eigener Erfahrung weiß ich jedoch, dass man all diese ängstliche Anpassung lebte, um eines Tages vielleicht doch noch geliebt zu werden! Vielen Menschen, die Opfer dieser Erziehungstradition wurden, war es ganz und gar unmöglich, ein selbstbestimmtes Leben zu führen.

In Gegenreaktion zu diesem autoritären Erziehungsstil wurde nun in der 68er-Bewegung die antiautoritäre Erziehung, das Prinzip des Laisser-faire propagiert. Die Eltern verhielten sich ihren Kindern gegenüber oft inkonsequent und waren sich in Erziehungsfragen uneinig, was dazu führte, dass es den Kindern an Führung mangelte. Eine Konsequenz dieses Erziehungsstils war es, dass sich die Kinder und Jugendlichen völlig zu Recht nicht ernst genommen fühlten.

Um nun aber doch noch Aufmerksamkeit zu erlangen, verfallen die Opfer einer solchen Nichterziehung auf die Strategie der destruktiven Provokation: Harmlose Varianten dieses Verhaltens sind bei Jugendlichen zum Beispiel ein Irokesenhaarschnitt, Piercing, Lederkluft mit Eisenbeschlag, mutwillig zerrissene Hosen usw. Problematischere Versuche, ernst genommen zu werden, sind dann Schuleschwänzen, Reifenstechen, Nichteinhalten von Verkehrsregeln und anderen Normen bis hin zu körperlichen Attacken gegenüber Schwächeren.

Erwachsene, denen es in ihrer Kindheit an Orientierung beziehungsweise Aufmerksamkeit mangelte, fallen mir vorrangig durch ein paradoxes Verhalten auf: Solche Menschen neigen häufig zum reflexartigen Widerspruch. Man kann diesen Individuen sagen, was man will, man ist mit dem eigenen Satz noch nicht fertig, und schon wird man mit einem Widerspruch konfrontiert. Geht man auf diese Form der Kommunikation ein, hat man grundsätzlich verloren, denn der reflexartig Widersprechende weiß immer noch eines draufzusetzen. Sie erinnern sich an das Märchen von dem Hasen und dem Igel: Der Igel war stets »all da!«

Aber auch wenn man solche Leute um irgendetwas bittet, neigen sie stets dazu, das Gegenteil von dem zu tun, was man gerne von ihnen hätte. Magersüchtige Mädchen zum Beispiel favorisieren diese Strategie der Kommunikation, und aus diesem Grund ist es fast eine Beihilfe zum Mord, ihnen gut zuzureden, doch endlich mal etwas zu essen!

Nicht dass Sie mich missverstehen und annehmen, ich würde nur Jasager lieben. Im Gegenteil! Widerspruch ist der Motor der Erkenntnis! Aber es macht einen Unterschied, ob jemand gelegentlich und nach sorgfältiger Überlegung widerspricht oder ob er es permanent und reflexartig tut.

Als dritte Variante einer unzweckmäßigen Erziehung erlebe ich, dass in einer Familie sowohl Bevormundung als auch Inkonsequenz vorkommt. Häufig steht der Vater für eine einengende Gängelung, während die Mutter der Ansicht ist, dass sich die Kleinen schon selbst erziehen. Damit unterläuft sie die Bemühungen ihres Mannes. Inkonsequenz scheint dabei dominant zu sein, das heißt, wenn auch nur ein Elternteil inkonsequent erzieht, entwickelt der Heranwachsende das Gefühl, nicht ernst genommen zu werden, und reagiert mit destruktiver Provokation, weil er damit die unbewusste Hoffnung verbindet, doch noch die gewünschte Aufmerksamkeit auf sich zu ziehen.

Waren Ihre Eltern übermäßig streng, konsequent oder antiautoritär?

War Opposition, Konfrontation oder Widerspruch bei Ihnen zu Hause erlaubt oder wurden Sie nach dem Motto erzogen: »Früh krümmt sich, was ein Häkchen werden will«? Wie lieb, brav und angepasst erleben Sie sich heute noch? Bereitet es Ihnen Mühe, mit jemandem, der Sie verletzt hat, auch mal Klartext zu reden?

Waren Sie eher das schwarze Schaf der Familie oder der einfallsreiche Sorgenbeschaffer? Ist es Ihnen heute wichtig, den Dingen stets auf den Grund zu gehen? Müssen Sie immer noch einmal nachhaken und Ihren Gesprächspartner nötigen, aber auch ja alle Aspekte eines Problems zu beleuchten? Wie sieht Ihre Statistik aus? Loben oder kritisieren Sie eher?

Wem jetzt bewusster wird – gewusst haben Sie es ja immer schon –, dass er eher zu den Angepassten gehört, hat nun die Aufgabe vor sich – wenn er es denn möchte! –, da und dort einmal ganz vorsichtig wider den Stachel zu löcken. Zu Beginn reicht es vielleicht schon, bei der Rede eines anderen nicht immer gleich lächelnd mitzunicken, sondern »nur« stillschweigend zuzuhören. Eine Steigerung wäre es dann, später auch einmal zu widersprechen, die eigene, konträre Meinung zu vertreten. Krönender Abschluss Ihres Trainings könnte es sein, in einer Situation, in der Sie sich erheblich verletzt fühlen, auch mal einen Wutanfall zu inszenieren. Bedenken Sie dabei: Sie sollten Ihre Wut in Ich-Botschaften äußern, wie zum Beispiel: »Das geht mir jetzt aber wirklich zu weit!« Oder: »Das stört mich aber ganz massiv!« Es ist wenig zweckmäßig, Ihren Gegner persönlich zu beschimpfen oder zu beleidigen (»Du bist doch total unfähig«), denn dann wird er verständlicherweise das Kriegsbeil ausgraben und zurückschlagen. Wird aber auch auf Ihre Ich-Botschaften mit unversöhnlicher Feindseligkeit reagiert, heißt dies, dass Ihr Gegenüber überhaupt keine Kritik verträgt und er sich in Beratung begeben sollte.

Sollten Sie dagegen feststellen, dass Sie ein Freund des Widerspruchs sind, das heißt, Sie fühlen sich immer wieder genötigt, reflexartig zu widersprechen und das Gegenteil von dem zu tun, was man von Ihnen möchte, so wäre es jetzt vielleicht an der Zeit, andere Menschen einmal zu bestätigen, ihrem Verhalten und ihren Auffassungen zuzustimmen. Sie sollten sich bewusst machen, dass man Sie wegen Ihres ständigen Widerspruchsgeistes schon lange nicht mehr ernst nimmt (»Die/der hat doch grundsätzlich und immer was dagegen – vergiß es!«).

Nun, ich habe in den vorausgegangenen Kapiteln aufzuzeigen versucht, dass der Mechanismus des Sich-ineinander-Verliebens in dem Augenblick anspringt, in dem ein (meistens) gegengeschlechtlicher Mensch in meinem Gesichtsfeld auftaucht, der etwas darf/kann, was mir verboten ist.

Nehmen wir einmal an, Sie haben im Rahmen Ihrer Selbstdiagnose herausgefunden, dass Sie eher zu den Angepassten gehören, so sollten Sie jetzt einmal schauen, ob nicht Ihre »Verliebtheitspartner« aus der Ecke der destruktiven Provozierer, der ewigen Neinsager kommen – und umgekehrt. Und schon ist das Unglück vorprogrammiert.

Zu Beginn der Partnerschaft findet der Angepasste die Fähigkeit des anderen, stets und ungebremst auf den Putz hauen zu können, einfach toll. Aber auch er wird ja Opfer des Widerspruchs und macht die leidige Erfahrung, niemals Recht zu bekommen. Genau danach aber sehnt er sich ja bereits seit frühester Jugend! Die einmal erfahrene Enttäuschung verlängert sich ins Unendliche. Die Feindseligkeit wächst und wächst …

Aber auch derjenige, der immer widerspricht, wird in einer solchen Partnerschaft frustriert, denn schließlich tut er das nur, um endlich, endlich einmal ernst genommen zu werden. Da ihm der Angepasste aber gerade diesen Gefallen nicht tut, wird sich in ihm zunehmend Hass aufstauen. Er könnte den Partner, die Welt zertrümmern.

Ich meine, dass der Angepasste bei einem Angepassten besser aufgehoben ist als im Lager der stets Widersprechenden: Zustimmung, Übereinstimmung schafft Geborgenheit. Schließlich tun die anderen genau das, was ich auch bevorzuge, also muss es gut sein! (Durch meine bisherigen mir stets widersprechenden Partner ist mir bewusst oder unbewusst klargemacht worden, dass meine Art der stetigen Zustimmung etwas Schlechtes sein muss.) Wenn aber etwas gut und mir erlaubt ist, brauche ich es nicht mehr zu verteidigen. Hier und dort kann ich mich dann auch mal trauen, das Gegenteil zu tun (in diesem Fall zu widersprechen).

Analoges gilt für den Neinsager: Gerade im Lager derjenigen, die immer wieder reflexartig widersprechen, erfährt er Widerspruch, und genau danach sehnt er sich ja insgeheim – denn auch wenn es bei oberflächlicher Betrachtung so gar nicht aussieht, hier wird er ernst genommen.

Letztlich kann aber die Heilung nicht von außen, von anderen kommen, sondern es fällt jedem selbst die Aufgabe zu, das in Ordnung zu bringen, was in seinem Elternhaus nicht ganz optimal gelaufen ist.

Jemand, dessen Ziele und Wünsche in der Kindheit wenig von Interesse waren und der deshalb heute hoch allergisch darauf reagiert, nicht ernst genommen zu werden, sollte sich täglich mehrmals aus dem Bauch heraus vorsagen, dass sein Tun wirklich von hohem Wert, einfach einmalig, vielleicht sogar würdig für einen Orden ist. Er sollte – wo immer möglich – Verantwortung übernehmen, für andere geradestehen und schauen, wie er seinen Partner auch mal verwöhnen kann: All dies bewirkt, dass man sich seiner eigenen Wichtigkeit zunehmend bewusst wird, dass sich die Allergie auf das Nicht-ernst-genommen-Werden langsam zurückbildet.

Beherrscht ein Mensch nun beide Strategien, das heißt, vermag er sich unter eigener Zustimmung anzupassen und riskiert er – wenn nötig – auch eine konstruktive Provokation, so wird der Mechanismus des Sichverliebens in ihm zum Erliegen kommen. Er wird neugierig werden auf Partner, die ebenfalls beides können, und so müssen gegenseitige Enttäuschungen in diesem Bereich ausbleiben: Je nach Situation können sich beide wechselseitig bestätigen oder sich mit gegensätzlichen Auffassungen konfrontieren. Harmonie ist möglich, auch wenn es ab und zu eines reinigenden Gewitters bedarf.

An einem Fallbeispiel, das mir für unsere Gesellschaft typisch erscheint, möchte ich im folgenden Kapitel aufzeigen, wie Wünsche, die in der Kindheit nicht in Erfüllung gingen, auch in einer Partnerschaft von Verliebten immer wieder enttäuscht werden.

Am Anfang war das Wort

(Johannes 1,1)

5. Kapitel

Es kommt nur darauf an, immer besser zu scheitern

»Herzlich willkommen, Julia!

Schön, dass Sie etwas früher kommen. So haben wir noch etwas Zeit, uns mit unserer neuen Klienten-Familie vertraut zu machen.

Hier im Anmeldebogen steht, dass Hubert, selbstständiger Ingenieur, fünfzig Jahre, vor einiger Zeit einen Herzinfarkt hatte. Er wolle eine Wiederholung vermeiden, und außerdem würde es in der Ehe kriseln. Seine Ehefrau heißt Ilona, siebenundvierzig Jahre, Künstlerin. Dann gibt es da noch zwei Töchter: Annette, neunzehn Jahre, und Pia, siebzehn Jahre.

Es fällt auf, dass Hubert den Beratungstermin ausgemacht hat. Meist sind es ja die Frauen, die eine Familienberatung initiieren. Mal schauen, was das hier zu bedeuten hat. Landläufig sagt man ja von Herzinfarkt-Patienten, sie seien Workaholics. Ich bin da inzwischen nicht mehr so sicher, denn nach dem Krieg wurde auch enorm viel gearbeitet, vielleicht sogar noch mehr als heute, und die Herzinfarktrate war deutlich geringer.

Auf jeden Fall müssen Hubert gravierende Wünsche nicht in Erfüllung gegangen sein! Mal sehen, welche Nichtkommunikation hinter seinem Herzinfarkt steckt.«

Hubert und Ilona fielen sofort als ein sehr ungleiches und distanziert miteinander umgehendes Paar auf: Er etwas gedrungen, hatte geringgradiges Übergewicht, war aber doch sportlich in seinen Bewegungen; sie war schlank, zierlich und wirkte zerbrechlich. Weiter fiel auf, dass Hubert scheinbar stets um ein verbindliches Lächeln bemüht war, während Ilona mit niemandem einen Blickkontakt aufnahm.

»Also damit wir gleich zur Sache kommen und nicht viel Zeit verlieren«, begann Hubert das Gespräch, »habe ich hier meine Klinikunterlagen mitgebracht und zusätzlich noch den Kurbericht. Hier ist auch der Bogen mit meinen Antworten auf Ihre drei Fragen, und von der Krankenkasse kann ich berichten, dass sie die Kosten anteilig übernehmen wird.«

»Und Ihre Antworten?«, wandte ich mich an Ilona.

»So ein Quatsch«, kam es zurück. »Ich habe Besseres zu tun, als mich aushorchen zu lassen. Ich bin nur hier, weil mein Mann sich das gewünscht hat, und auch nur für das erste Mal!«

»Gehe ich richtig in der Annahme, dass Sie im Prinzip in Ruhe gelassen werden und sich das Ganze hier einfach nur einmal anschauen möchten?«, kam ich Ilona entgegen.

»Das habe ich so nicht gesagt. Ich werde mich schon melden, wenn ich es für nötig halte«, ließ mich Ilona wissen.

So wandten sich Julia und ich Hubert zu. Im Zeitraffer erfuhren wir die wichtigsten Ereignisse aus den letzten Jahren seines Lebens: Vor zehn Jahren war ihm eine technische Erfindung gelungen. Er bekam auch ein Patent dafür und anschließend baute er einen Betrieb auf, um dieses Gerät in eigener Regie herstellen zu können. Für den Vertrieb engagierte er einen Partner, der sich zuerst viel versprechend zeigte und zu Beginn auch viele lukrative Aufträge hereinholte. Dann aber musste Hubert durch einen dummen Zufall feststellen, dass dieser Partner ihn finanziell übel aufs Kreuz gelegt hatte. Mit dem Know-how, das er bei Hubert erworben hatte, wechselte er dann zu einer anderen Firma über.

»Zum Glück kannte er die Weiterentwicklung unseres Gerätes nicht, und so gelang es mir, in Tag- und Nachtarbeit den finanziellen Schaden wieder wettzumachen und manch alten Kunden wieder von mir beziehungsweise von meiner Arbeit zu überzeugen«, berichtete Hubert.

»Tja, und dann streckte mich, gerade als ich wieder im Steigflug war, dieser blöde Herzinfarkt nieder. Zum Glück war nur ein minimaler Bezirk des Herzmuskels betroffen, so dass ich später auf dem Fahrradergometer wieder volle Leistung erbringen konnte. Dies verdanke ich übrigens den Ärzten in der Klinik, die sofort bei der Einlieferung optimal reagiert und später dann noch erfolgreich die Engstelle in dem einen Herzkranzgefäß aufgedehnt haben.

In letzter Zeit aber bemerke ich, dass sich bei körperlicher Belastung leider wieder dieses beengende Gefühl in meinem Brustkorb einstellt, und dies, obwohl ich regelmäßig Sport treibe, cholesterinarm esse und diese teuren Anticholesterin-Tabletten einnehme. Irgendetwas stimmt da nicht«, beendete Hubert seine Ausführungen über den organmedizinischen Teil seiner Erkrankung.

»Ja, ja, wenn du mal jammern kannst«, schaltete sich jetzt Ilona ein. »Richtig pingelig ist er mit dem Essen geworden, so eine richtige Fettphobie hat er entwickelt und dann dauernd diese Sportmanie. Man kann es ja auch übertreiben!«

Hubert zeigte keinerlei Regung auf diese Attacke und fuhr fort: »Warum ich hier bei Ihnen um einen Termin gebeten habe, hat folgende Ursache. Letzten Sommer habe ich in einer Gruppe von sieben Leuten an einer Trackingtour durch die kanadischen Rocky Mountains teilgenommen und dabei die merkwürdige Beobachtung gemacht: Wenn es zu Fuß steil hoch ins Gebirge ging, hatte ich keinerlei Herzprobleme. Ich konnte Pulsfrequenzen bis 180 über viele Minuten aushalten und hatte dabei keinerlei Schmerzen. Gingen wir aber in der Ebene und ich lag etwas zurück – die jungen Kerle waren alle groß gewachsen und hatten lange Beine –, fing es an zu ziehen, und kein Medikament half. Und zusätzlich habe ich inzwischen bemerkt, dass es gelegentlich in der Nähe meiner Frau auch zu ziehen anfängt. Das habe ich ihr allerdings noch nie gesagt ...«

»Das könnte dir so passen – mir die Schuld für deine Herzmalaise in die Schuhe zu schieben. Das sieht dir mal wieder ähnlich. Dabei hat's doch deine ganze Verwandtschaft am Herzen, aber das hat mit deinen Problemen natürlich nichts zu tun. Hatte ich also doch Recht, diese Veranstaltung hier soll nur dazu dienen, mich in die Pfanne zu hauen«, konterte Ilona.

Da Ilona im selben Augenblick auch Anstalten machte zu gehen, legte Julia beruhigend ihren Arm auf ihre Schultern und meinte beschwichtigend:

»Ilona, wir brauchen Sie hier noch ein wenig als Kotherapeutin. Ihr Mann kann uns ja viel erzählen. Ihre Sichtweise als Korrektiv wäre nicht uninteressant. Und außerdem bin ich neugierig auf Ihren Beruf. Hier steht Künstlerin. Was machen Sie genau?«

»Ich bin keine Künstlerin, sondern ich arbeite mit Stein und anderen Materialien. Gerade wie es mir so einfällt.«

»Welche Kunstschule haben Sie denn besucht?«

»Also das ist ein längere Geschichte, die hier sicherlich nichts zur Sache tut. Auf jeden Fall habe ich großen Spaß an der gestalterischen Arbeit und ich habe auch schon etwas verkauft!«

Hubert schien etwas sagen zu wollen, aber bevor er dazu kam, fuhr Ilona fort: »Ich weiß, ich weiß, jetzt willst du wieder herauskehren, dass ich nichts wäre ohne dich, dass du mich von der Straße weggeheiratet hast, weil ich mein Jurastudium abgebrochen habe, und ich mir nur durch dein Geld den Luxus erlauben kann, als Künstlerin tätig zu sein. Aber das stimmt ja so alles gar nicht. Ohne mich wärst du mit der Firma doch schon lange den Bach runter!«

»In Ordnung«, schaltete ich mich jetzt ein. »Dass Sie beide wohl in vielen Bereichen unterschiedlicher Auffassung sind, ist mir inzwischen klar geworden. So fortzufahren wäre ein Mehr von demselben und bringt keine neue Erkenntnis. Außerdem sind Julia und ich zum gegenseitigen Beschimpfen zu teuer. Das können Sie sicherlich zu Hause billiger haben!

Hubert, um Sie besser zu verstehen, möchte ich ein so genanntes Genogramm von Ihnen erstellen. Bitte berichten Sie uns doch ein wenig ausführlicher, wie Ihr Elternhaus aussah und wie Ihre Jugend verlaufen ist.«

Mit wenigen Sätzen skizzierte uns Hubert den Verlauf seiner Kindheit. Seine Mutter hatte sich anläßlich eines Tanzvergnügens mit einem Soldaten der Wehrmacht eingelassen und war prompt schwanger geworden. Alle Nachforschungen nach seinem Erzeuger blieben erfolglos. Noch vor dem Einmarsch der Russen gelang es seiner Mutter Maria mit ihm und ihrer Mutter ins Ruhrgebiet zu flüchten. Sie kamen auf einem Bauernhof unter. Fritz, der Vater seiner Mutter, blieb im Osten verschollen. Hubert wurde bis 1949 mehr oder weniger von seiner Oma Lisa betreut, die als Gegenleistung für Unterkunft und Verpflegung auf dem Bauernhof mithalf. Seine Mutter fand eine Anstellung als Sekretärin an einer Ingenieurschule, wo sie auch bald ihren späteren Ehemann Herbert kennenlernte.

Herbert und Maria heirateten 1949 und ein Jahr später kam Huberts Halbschwester Irene auf die Welt. Sein Stiefvater Herbert war nur wenig zu Hause, da er als Vermessungsingenieur für Staudammprojekte oft monatelang in der ganzen Welt unterwegs war. Wenn Herbert aber einmal zu Hause weilte, verwöhnte er seine Tochter Irene nach Strich und Faden, was verständlicherweise der Mutter wiederum gar nicht gefiel.

Trost fand Hubert nirgends. »So was brauchte ich nicht! Ein deutscher Junge heult nicht!«, gab Hubert auf diese Frage zur Anwort. Als seine Lieblingsgeschichte bezeichnete er ein Buch mit dem Titel »Heimatlos«. Es handelt vom Schicksal einer verarmten Dorfgemeinschaft. Die Kinder dieses Dorfes wurden als Kaminkehrer in eine ferne Großstadt geschickt und mussten dort die übelsten Torturen erdulden. (Besondere Kamine konnten nur von kleinen Menschen, also von Kindern, gereinigt werden.)

Auf meine Frage nach Träumen und Alpträumen in der Kindheit erinnerte sich Hubert an immer wiederkehrende Fallträume, in denen er ins Bodenlose versank, und an eine Geschichte, wo er einen Leiterwagen zu ziehen hatte, der auf einmal immer schwerer wurde und ihn schließlich nach hinten in einen abgrundtiefen Trichter riß.

Sein Job in der Familie war Butler, Aufpasser auf die Schwester und Hauklotz für die Mutter. »Meine Mutter neigte zu temperamentvollen, handgreiflichen Wutausbrüchen, die sie gerne an mir ausließ.« Auf meine Frage, in welchen Situationen er sich denn geliebt gefühlt hätte, antwortete Hubert spontan: »Nie!« Ich ließ nicht locker und wollte wissen, wann seine Eltern mit ihm zufrieden gewesen seien. Da kam ein gewisses Leuchten in sein Gesicht und er meinte: »Wenn ich mich nützlich gemacht, gequält und verständnisvoll verzichtet habe.«

»Aber das darf doch nicht wahr sein!«, entfuhr es Hubert jetzt auf einmal. »Habe ich doch mein ganzes Leben nach diesem bescheuerten Prinzip ausgerichtet! Immer habe ich mir die schwierigsten Aufgaben ausgesucht, für andere die Kohlen aus dem Feuer geholt und auf vieles immer wieder verzichtet. Und wenn ich mich mal ein klein wenig freuen wollte, war gleich wieder irgendwer da, der mir nachwies, dass es dazu gar keinen Grund gibt.«

»Wo und wie haben Sie Ihre Frau kennengelernt?«, wollte jetzt Julia wissen.

Hubert schmunzelte: »Ja, jetzt endlich durchschaue ich dieses üble Spiel. Sie fiel mir in der Mensa auf. Ich sah da plötzlich ein bildhübsches Mädchen. Sie lachte und kicherte ganz ausgelassen. Sie war in ihren Bewegungen völlig losgelöst und locker, so richtig emotional, und sie bekam eine Milchtüte nicht auf. Da ich ja nun darauf spezialisiert war, mich nützlich zu machen, eilte ich diensteifrig herbei, um ihr zu helfen. Später erfuhr ich dann von ihr, dass sie ihr Jurastudium abgebrochen hatte und nun ziellos in der Gegend herumirrte. Diese Geschichte war natürlich ein gefundenes Fressen für mich, konnte ich mich doch schon wieder nützlich machen und ihr Halt geben. Später verzichtete ich auf so manches Vergnügen, damit ich ihr helfen konnte, ihr Kunststudium zu finanzieren.«

Weiter kam er mit seinen Ausführungen nicht, denn plötzlich sprang Ilona auf und verließ wortlos den Raum. Julia eilte hinterher und versuchte die aufgebrachte Frau noch draußen zum Zurückkommen zu überreden – ohne Erfolg.

»Genau so ist es seit Jahren bei uns zu Hause«, resümierte Hubert. »Schon seit langem reagiere ich auf Situationen wie diese nur noch mit Schweigen. Meine Frau kann nicht nur keine Kritik vertragen, sondern schon die Wiedergabe von Fakten, die im Zusammenhang mit ihrer Person stehen, lösen bei ihr einen Wutanfall und Türenknallen aus. Ich habe frühzeitig resigniert.«

»Und genau dadurch sind Sie zum Komplizen Ihrer Frau geworden«, gab ich ihm zu bedenken. »Indem Sie sich Ihrer Haut nicht gewehrt beziehungsweise Ilona nicht in ihre Schranken gewiesen haben, fühlte sie sich nicht ernst genommen. Ihr resigniertes Schweigen veranlasste sie, nun erst recht um sich zu schlagen.«

»Das darf doch nicht wahr sein!«, seufzte Hubert. »In meiner Kindheit ist mir von unserem Pfarrer eingebläut worden, auch noch die andere Backe hinzuhalten und Friedfertigkeit bis zum Äußersten zu üben. Außerdem habe ich die hysterischen Kreischanfälle meiner Mutter derart verabscheuen und verachten gelernt, dass ich mir bereits in der Jugend schwor, so unkontrolliert wirst du niemals sein.«

»Schauen Sie, Hubert, die letzte Waffe des Indianers am Marterpfahl ist es doch, keinen Schmerz zu zeigen. Damit bringt er seine Verachtung für seine Peiniger zum Ausdruck, denn wortlos demonstriert er, dass sie sogar unfähig sind, um ihm Schmerzen zuzufügen.«

»Mein Gott, da haben Sie vielleicht gar nicht so Unrecht. Ich selbst habe als kleiner Junge herausgefunden, dass ich meine Mutter auf die Palme treiben konnte, wenn ich ihre Prügelorgien und Wutausbrüche regungslos über mich ergehen ließ. Da hatte auf einmal ich sie in der Hand und eine gewisse Genugtuung durchströmte meinen Körper!«

»Die Ergebnisse der Kooperationsforschung zeigen, dass nicht nur ein Aggressor sich schuldig macht, sondern auch der Angegriffene, solange er sich nicht wehrt! Zwei Beispiele: Erst nachdem die Amerikaner androhten mit Waffengewalt gegen die Serben vorzugehen, waren diese bereit, an den Verhandlungstisch zu kommen. Hätten sich die Franzosen und Engländer der Remilitarisierung des Rheinlandes entschieden widersetzt, vielleicht wäre kein Zweiter Weltkrieg mit seinen fünfzig Millionen Toten und all dem anderen Elend nötig gewesen, um Hitler endlich doch noch in die Schranken zu weisen.

Auch Christus war gar nicht so friedfertig, wie es uns einige Vertreter der Amtskirche immer wieder weismachen wollen. Indem er schimpfend und ›prügelnd‹ die Geldwechsler aus dem Tempelvorhof vertrieb, zeigte er sich gar nicht beherrscht, sondern recht emotional.«

»Wenn ich es mir jetzt recht überlege, so habe ich da wohl gleich zu Beginn unserer Beziehung einen schwerwiegenden Fehler gemacht«, gestand Hubert ein. »Wegen irgendeiner Kleinigkeit stauchte sie mich damals in aller Öffentlichkeit zusammen und ich habe nur dumm gelächelt. Ich hätte ihr sofort Grenzen setzen sollen, auch wenn ich dabei das Risiko eingegangen wäre, dass sie nichts mehr von mir hätte wissen wollen. Vermutlich wäre ein Ende mit Schrecken besser gewesen, als eine dem Untergang geweihte Ehe mit all ihren Schrecken endlos weiterzuführen.«

»Hubert, es ist ein ganz wichtiges Anliegen von mir und Julia, Ihnen bewusst zu machen, dass es hier keine Schuldigen gibt! Wie die Gestirne im All oder die Atome im submikroskopischen Bereich wechselwirken wir Menschen. Unser Handeln bedingt sich gegenseitig. In einem permanenten Kreisprozess wirken wir wechselseitig auf uns ein, und bekanntlich gibt es bei einem Kreis keinen Anfang und kein Ende. Und wenn ich mit dem Finger irgendwo auf einen Kreis zeige und sage: ›Hier ist der Anfang‹, dann ist das reine Willkür. Außerdem ist es Zeitverschwendung, sich über den Partner aufzuregen, denn ändern kann ich ihn nicht. Es ist nützlicher, Sie regen sich über sich selbst auf und entscheiden sich eines Tages: ›Dies und jenes mache ich nicht mehr mit!‹ Oder: ›Da und dort verhalte ich mich ab heute anders!‹ Ich möchte Ihnen zum Beispiel nahe legen, ab und zu davon Abstand zu nehmen, sich nützlich machen zu wollen. Halten Sie einmal inne, genießen Sie Ihre Erfolge, seien Sie glücklich und zufrieden.«

»Ja, aber dann rastet Ilona doch ganz aus. Jedesmal, wenn ich erholt, glücklich und zufrieden war, hat sie blitzartig einen Streit vom Zaun gebrochen und mir nachgewiesen, was für ein mieser Kerl ich bin und dass ich gefälligst wieder etwas für sie zu tun hätte!«

»Schauen Sie, Ilona handelt aus ihrem Selbstverständnis

heraus völlig korrekt! Ich habe die starke Vermutung, dass Ilona in ihrer Kindheit dann von ihren Eltern geliebt wurde, wenn sie sich glücklich und zufrieden zeigte – ganz so wie der satte Säugling im Kinderwagen: Der satte Säugling nämlich lächelt vergnügt vor sich hin und schon sind alle Erwachsenen um ihn herum überglücklich. Entzückt signalisieren sie dem Baby, dass sie es sehr lieb haben. Ein sogenannter positiver Rückkoppelungskreis. Wenn meine Hypothese stimmt, so muss Ilona immer wieder andere dazu bewegen, sich für sie anzustrengen, auf dass es ihr gut geht. Und Leute, die zufrieden sind, kann sie logischerweise nicht ertragen, denn wer zufrieden ist, tut wohl kaum was für andere … Müßiggang ist aller Laster Anfang.

Ein Herr, für den sich seine Mutter von morgens bis abends aufgeopfert hatte, sagte mir einst: ›Wie ich auf andere wirke, ist mir doch völlig egal. Hauptsache diese anderen strengen sich für mich an. Nur so kann ich entscheiden, ob ich sie liebe oder nicht!‹ Seine Lebensgefährtin, mit der er in die Beratung gekommen war, litt entsprechend unter einem extremen Übergewicht (Kummerspeck) und kämpfte mit einer Überlastungsdepression.

Es ist sicherlich richtig, Hubert, dass es Ilona gar nicht gefallen wird, wenn Sie aus dem Sich-nützlich-Machen und dem Verzichten aussteigen. Aber Sie haben nun die Wahl, entweder Sie machen so weiter wie bisher und der nächste Herzinfarkt ist Ihnen gewiss oder Sie entscheiden sich für das Weiterleben und steigen aus diesem Teufelskreis aus. Es ist und bleibt Ihre Entscheidung! Hier darf kein Berater für Sie die Verantwortung übernehmen und Ihnen sagen, was Sie denn nun tun sollen. Tut er es dennoch, so handelt er unprofessionell.«

***

Kaum war Hubert gegangen, fragte Julia leicht vorwurfsvoll: »Warum haben Sie Ilona einfach so gehen lassen? Wenn sie sich jetzt etwas antut oder so verärgert ist, dass sie gar nicht mehr in die Beratung mitkommt? Und woher wissen Sie, dass Ilona in der Kindheit derart verwöhnt wurde? So aus der Hüfte geschossen solch schwerwiegende Hypothesen aufzustellen, ist doch etwas riskant!«

»Nun, Sie erinnern sich, dass Ilona, kaum war sie hier im Raum, darum bat, das Fenster zu schließen. Sie fröstelte, obwohl wir draußen über zwanzig Grad haben. Dann bat sie um ein Glas Wasser, weil sie durstig sei. Außerdem bemängelte sie, dass der Lift kaputt sei und sie hätte laufen müssen. Das ist sicherlich alles in Ordnung und nicht negativ zu bewerten, ich lese daraus nur ab, dass sie eine gut ausgeprägte Fähigkeit hat, auf ihr Wohlbefinden zu achten und andere dafür einzuspannen. Und Hubert sorgte sich auch immer wieder um sie, indem er ihre nur halb ausgesprochenen Sätze zu Ende formulierte; sobald ihr ein Wort, ein Datum, eine Begebenheit nicht einfiel, er war sofort zur Stelle. Wir können also eine klassische Polarisierung feststellen: Die eine lebt das, was sich der andere nicht traut beziehungsweise nicht kann. Und insgeheim ärgert sich ein jeder über das Verhalten des anderen.

Warum ich nicht hinter ihr hergeeilt bin? Nun, dann wäre ich auf der Stelle ihr Komplize geworden. Sie ist es ja gewohnt, sich andere gefügig zu machen und ihnen die Verantwortung für ihr Schicksal aufzubürden. Meinen Beobachtungen zufolge sollte sie sich diese Last aber in Zukunft selbst zumuten.«

»Und noch eine Frage«, bohrte Julia weiter.

»Sind Sie nun für Scheidung oder Trennung? So wie Sie Hubert gegenüber argumentiert haben, hatte ich den Eindruck, dass Sie ihm doch recht deutlich zur Trennung raten.«

»Als Arzt bin ich für das Leben! Ich habe in meiner medi-

zinischen Laufbahn genügend Menschen sterben sehen, und dies nur deshalb, weil sie sich nicht trauten, sich aus einer zerstörerischen Beziehung zu lösen. Oft habe ich beobachtet, dass der Überlebende, kaum waren die Trauerfeierlichkeiten vorbei, eine neue Beziehung einging. Ich meine, der Tod des Unterlegenen hat sich nicht gerechnet. Ich habe gegenüber Gott eine Verantwortung für mein Leben und damit auch für meine Gesundheit, und deshalb sollte ich sorgsam mit mir umgehen. Sicherlich gibt es Situationen, in denen es sinnvoll ist, sein Leben für andere aufs Spiel zu setzen, zum Beispiel, wenn es darum geht, Kinder aus einem brennenden Haus zu retten oder als Düsenjägerpilot im Jet mit Motorschaden sitzen zu bleiben, weil die Maschine sonst über einem Dorf abstürzen würde. Sich aber eine feindselige, zerstörerische Kommunikation so lange gefallen zu lassen, bis das eigene Lebenslicht zu flackern anfängt und auszugehen droht, halte ich persönlich für einen sinnlosen Heldentod.

Aber letzten Endes muss Hubert entscheiden. Denn er wird nur glaubwürdig und damit erfolgreich handeln können, wenn er auch hinter dem steht, wozu er sich entschieden hat. Tut er dagegen etwas, was ihm nur aufoktroyiert wurde, wird seinem Handeln die notwendige Durchschlagkraft fehlen.«

»Und wie soll es jetzt weitergehen? Ich meine, was machen Sie mit Ilona?«, wollte Julia weiter wissen.

»Ich werde ihr einen Brief schreiben und sie noch einmal einladen.«

Hubert kommt zum zweiten Beratungsgespräch

Zur nächsten Stunde kam Hubert allein.

»Tut mir leid, aber Ilona möchte nicht mehr dabei sein. Sie

hat mir aber einen Brief für Sie mitgegeben. Den mögen Sie sich bitte hinter den Spiegel stecken!«

Rasch überflog ich die Zeilen, in denen Ilona mich wissen ließ, dass sie einen Therapeuten gefunden habe, der keine dummen Fragen stelle, sondern ihr die Möglichkeit gebe, über die Dinge zu sprechen, die sie bewegt, und das tue ihr gut. Ich teilte den Inhalt des Schreibens Hubert mit, worauf er nur mit den Schultern zuckte und meinte, dass von seiner Frau wohl keine andere Reaktion zu erwarten gewesen wäre.

»Wissen Sie, Doktor, ich habe schon vor einigen Jahren die Erkenntnis über Ilona gewonnen, dass sie nach dem Prinzip lebt: ›Wer nicht für mich ist, der ist mein Feind.‹ Ich habe es damals auch gewagt, ihr das zu sagen – mit dem Erfolg, dass wieder einmal die Türen bebten.

Aber ich möchte Ihnen eigentlich etwas ganz anderes, viel Entscheidenderes mitteilen. Vor sieben, acht Jahren hatten wir wieder einmal einen unserer großen Kräche. Ein Wort gab das andere – damals war ich noch nicht so eingeschüchtert, ich könnte auch sagen feige wie heute – und plötzlich haute sie mir eine runter. Nur indem ich sie festhielt, konnte ich weiteren Prügeln entgehen. Damals entfuhr es mir spontan: ›Das war die Scheidung!‹ Aus vielerlei rationalen Gründen, sicherlich auch aus Angst vor all den Konsequenzen, blieb ich dann doch noch bei der Stange. Aber mir ist in den letzten Tagen klar geworden, dass ich bereits damals im tiefsten Innern die Ehe beendet hatte. Durch unser letztes Gespräch, Doktor, haben Sie mir im Grunde ›nur‹ deutlich gemacht, was ich eigentlich schon lange wusste beziehungsweise entschieden hatte. Leider habe ich wohl zu dieser Erkenntnis meinen Infarkt gebraucht: Leiden schafft bekanntlich Erkenntnis! Schade, dass ich nicht schon im Alter von zwanzig über die Einsicht verfügte, dass mein zentrales Lebensmotto hieß: ›Mach dich nützlich, bringe maximalen Einsatz und leiste Verzicht!‹ Zu Hause sind mir noch eine ganze Reihe weitere Beispiele aus meinem Leben eingefallen, die diese Programmierung meines Denkens und Handelns bestätigen.

Meine Frage heute an Sie lautet: Was kann ich tun, um eine solche Fehlprogrammierung zu löschen, und was hat dies alles mit meinem Infarkt zu tun?«

»Dann möchte ich noch einmal etwas aus Ihrer Jugend wissen«, begann Julia zu fragen. »Sie haben das letzte Mal berichtet, dass Sie das Buch ›Heimatlos‹ gefesselt hat. Gibt es noch weitere Märchen, Sagen, Bücher oder Filme, deren Bilder immer wieder einmal vor Ihrem geistigen Auge auftauchten?«

Nach einigem Überlegen fiel ihm etwas ein: »Ja natürlich! Der Film ›Wem die Stunde schlägt‹ nach dem Roman von Ernest Hemingway ist unauslöschlich in mir festgebrannt. Vor allem die Szene am Schluss, wo der Held sich, angeschossen und nicht mehr fähig, mit seinen Freunden vor den Regierungstruppen zu fliehen, in einer Schlucht verschanzt. Mit seinem Maschinengewehr kann er hier wenigstens für eine kurze Zeit den Gegner aufhalten, um so seinen Kameraden einen Vorsprung zu ermöglichen. Dies aber auch in der Gewissheit, einen solchen Einsatz nicht zu überleben. Mein Gott, welche Ironie oder Zwangsläufigkeit in meinem Leben. Durch meinen Infarkt war ich ja auch drauf und dran auf mein Leben zu verzichten. Jetzt ist aber Schluss mit diesem Unsinn! Wie komme ich da raus?«

»Ein anderes Bild im Sinne eines Gegenzaubers könnte für Sie nützlich sein«, machte ihm Julia Mut. »Ein Bild, in dem Freude, Lachen, Lebensgenuss vorkommt. Mein Vorschlag mag albern sein, aber vielleicht ein Filmchen mit Lieselotte Pulver oder ein Werk von Charly Chaplin. Solche verinnerlichten Bilder sind heimliche Befehlsgeber, und ein jeder tut gut daran, sich dieser innerlichen Autoritäten bewusst zu werden. Wir Menschen sind ›Augentierchen‹ und nicht

umsonst sind fast alle großen Führer – sei es im Guten, sei es im Schlechten – Geschichtenerzähler. Über diese Geschichten entstehen Bilder in uns, die dann wiederum unser Fühlen, Denken und Handeln bestimmen.«

»Also Ihre Filmvorschläge sind nicht so mein Geschmack. So ganz vage denke ich da eher an den Film ›Alexis Sorbas‹: Als der griechische Fischer am Strand zu lachen und zu tanzen anfängt, nachdem die Materialseilbahn beim ersten Transportversuch eines Baumstammes wie eine Dominoreihe zusammenbricht. Ich muss mir diesen Streifen noch einmal besorgen.«

»Dann habe ich noch einen Vorschlag für Sie«, sagte Julia. »Immer wenn Sie in Zukunft eine Frau elektrisiert, so schauen Sie doch bitte gleich näher hin, ob dieses für Sie interessante Wesen nicht wieder vom gleichen Verhaltenstyp ist, auf den Sie schon immer ›reingefallen‹ sind. Sollten Sie feststellen, dass dem so ist, dann sollten Sie sich weise lächelnd abwenden und sich innerlich vorsagen: ›Nein danke, nicht schon wieder ein Mehr von demselben!‹ Und umgekehrt seien Sie doch ab und zu einmal neugierig auf weibliche Wesen, die Sie bisher gar nicht wahrgenommen haben. Sie könnten jetzt auf einmal feststellen, dass diese bisher von Ihnen nicht Beachteten Ihnen vielleicht etwas ähnlicher sind.

Die psychologische Forschung hat nämlich herausgefunden, dass die Beziehungen von Paaren, die einander ähnlich sind, bessere Überlebenschancen haben als Ehen, in denen beide gegensätzlicher Natur sind. Die Volksweisheit ›Gleich und Gleich gesellt sich gern‹ ist also der zweckmäßigere Wegweiser als der Satz ›Gegensätze ziehen sich an‹.

Und noch etwas: Wenn Sie, Hubert, in der Vergangenheit immer wieder auf einen Ihnen gegensätzlichen Frauentyp aufmerksam geworden sind und Ihnen Frauen, die Ihnen ähnlich sind, gleichgültig waren, so heißt dies doch im Klar-

text, dass Sie sich selbst in den Ihnen Ähnlichen abgelehnt haben. Mit anderen Worten: Sie lieben große Teile von sich selbst nicht! Für die Zukunft konstruktiv formuliert heißt demnach die Aufgabe für Sie, dass Sie üben sollten, sich auch im Sein anzunehmen, lieb zu haben und sich nicht immer nur über Leistung zu definieren.«

»Ganz schön langweilige Aussichten«, meinte Hubert. »Das Neue, das Unbekannte war doch bisher für mich von Interesse. So ein bisschen Thrill sollte doch schon noch sein!«

»Wenn Sie bereit sind für diesen Nervenkitzel mit Ihrem Leben zu bezahlen, so ist das in Ordnung. Es bleibt Ihre Entscheidung!«, meinte Julia und fügte hinzu: »Selbst wenn beide Partner in ihrem Verhalten und Erleben tendenziell einander ähnlich sind, so gibt es immer noch den gewaltigen Unterschied zwischen Mann und Frau. Die Differenzen, die allein durch die Zugehörigkeit zum jeweils anderen Geschlecht entstehen und ausgeglichen werden wollen, können Ihnen die Langeweile schon vertreiben. Wir Frauen sind zum Beispiel eher ohrenorientiert und lieben das Beziehungsgespräch, während ihr Männer euch eher auf eure Augen verlasst und punktuelle Ziele und Lösungen anstrebt. Auch sprechen wir ganz anders als ihr Männer und euer Konkurrenzverhalten ist uns auch eher fremd. Sich ähnlich sein bedeutet ja noch lange nicht, sich gleich zu sein. Es gibt also neben den rein körperlichen Unterschieden noch genügend andere zwischen Mann und Frau, die durchaus auf- und anregend sind.«

***

Im Verlauf der weiteren Stunden kam Hubert zu der Erkenntnis, dass sich seine Herzschmerzen immer dann einstellten, wenn er sich von anderen unter Zeitdruck gesetzt fühlte oder er sich selbst viel zu enge Zeitvorgaben verordnet hatte. Er war also nicht ein Workaholic, sondern viel mehr ein Speedaholic. Infolgedessen trainierte er jetzt sein Leben zu entschleunigen, und seine Herzbeschwerden wurden zunehmend geringer!

Zusätzlich wurde ihm klar, dass seine Frau ihn immer wieder gerade auf den Gebieten attackierte, in denen er hervorragende Ergebnisse vorzuweisen hatte. »Ich fühlte mich immer wie im Bürgerkrieg – aus Angst vor Heckenschützen stand ich immer unter Druck und tat alles mit größter Geschwindigkeit. Diese permanente Anspannung war auch immer wieder ein Grund für dieses Krampfen in meinem Brustkorb. Das möchte ich mir nicht mehr antun. Ich möchte leben!«

Nach zwei Jahren trennte sich Hubert von seiner Frau. Schlagartig ließen seine Herzschmerzen nach und zunehmend konnte er sich auch wieder auf dem Fahrrad belasten.

Einige Zeit später erreichte mich ein Brief, in dem Hubert mir mitteilte, dass er jetzt eine ihm ähnliche Frau kennen und lieben gelernt habe. Sie würden von morgens bis abends miteinander reden, sich gegenseitig immer wieder ihre Wünsche verraten und darüber verhandeln. Jetzt erst habe er erfahren, was Liebe denn im Grunde sei. Bedauern müsse er nur, dass er dies alles nicht schon viel früher gewusst habe. Viel Leid wäre so ihm, aber auch seiner Ilona erspart geblieben.

Im nächsten Kapitel möchte ich auf eine weitere Fähigkeit zu sprechen kommen, die ich für unabdingbar für ein Erwachsenenleben halte: Die Kompetenz zur Souveränität beziehungsweise zur Weisheit und Gelassenheit. Ohne diese Fähigkeit muss es in Partnerschaften immer wieder zu so genannten symmetrischen Eskalationen kommen, die dann eines Tages entweder zur Scheidung und/oder aber zur Erkrankung eines Familienmitgliedes führen.

Erkenne Dich selbst!

(Inschrift des Apollotempels in Delphi)

6. Kapitel

Ohne Weisheit keine Liebe

Gernot Böhme, Philosoph an der TU Darmstadt, schreibt in seinem Buch »Briefe an meine Töchter«, dass es ein wichtiges Lebensziel von uns Menschen sein sollte, die Fähigkeit zur Souveränität, Weisheit beziehungsweise Gelassenheit zu erlangen. Ich teile seine Auffassung.

Nun erhebt sich natürlich sofort die Frage, was denn zu tun ist, um diese Fähigkeit zu erlangen? Ich möchte Ihnen dazu folgendes Modell vorstellen:

Ein Mensch sollte die Fähigkeit besitzen, mit sich selbst unkritisch, das heißt zufrieden, und auch kritisch, das heißt unzufrieden, sein zu können. Was ist damit gemeint? Wenn mir eine Aufgabe zu meiner und vielleicht auch zur Zufriedenheit anderer gelungen ist, so sollte ich dies feiern und genießen, das heißt mit mir zufrieden und unkritisch sein können.

Mechanische Systeme leben dann am längsten, wenn sie sich konstant bei derselben Geschwindigkeit bewegen. Ein Schiffsdieselmotor zum Beispiel lebt dann am längsten, wenn er stets bei rund 800 Umdrehungen/Minute gefahren wird. Biologische Systeme dagegen benötigen ein Auf und Ab, wechselnde Phasen von An- und Entspannung, um lange Zeit am Leben bleiben zu können. Nicht umsonst heißt es: »Am siebten Tage sollst du ruhen«, und nicht umsonst trainieren Sportler in wechselnden Intervallen wie zum Beispiel beim Indianerlauf (100 Meter gehen, 100 Meter laufen).

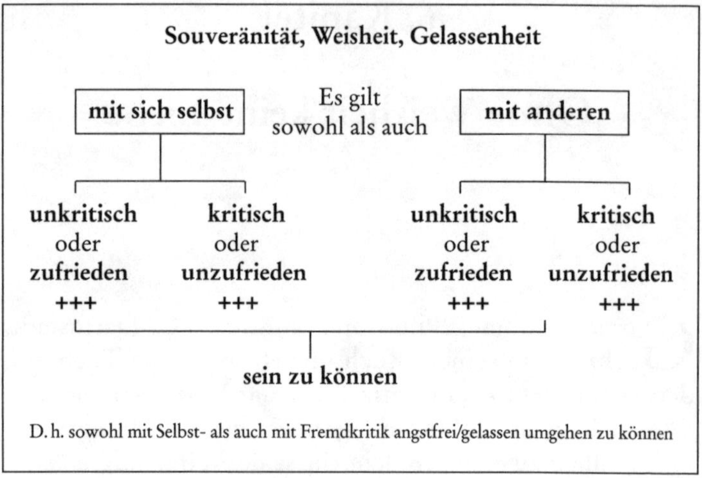

Abb. 5a: Sich selbst und auch andere sowohl loben als auch kritisieren können

Darüber hinaus kann man beobachten, dass viele erfolgreiche Manager und Firmeninhaber trotz ihres enormen beruflichen Engagements ein anspruchsvolles Hobby wie Golfen, Segeln etc. pflegen. Abschalten, mit sich selbst unkritisch beziehungsweise zufrieden sein zu können, ist eine wesentliche Voraussetzung, um wieder Kräfte zu gewinnen und für neue Taten fit zu werden.

Ist dagegen das Ergebnis einer meiner Handlungen unzulänglich, so sollte ich über die Fähigkeit der Selbstkritik verfügen. Mit anderen Worten, ich sollte mit mir kritisch beziehungsweise unzufrieden sein können. Aber auch wenn mich andere kritisieren, sollte ich diese Hilfestellung annehmen und bedenken können, denn nur so ist Lernen und damit ein Fortschritt möglich.

Genau der gleiche Mechanismus gilt nun im Umgang mit anderen: Wenn mir jemand gut tut, so sollte ich die Fähigkeit besitzen, mit diesem unkritisch beziehungsweise zufrieden sein zu können, das heißt, ich sollte in der Lage sein, diesen Menschen zu loben. Wenn mir jedoch ein anderer Mensch auf die Füße tritt, so ist es mir erlaubt, mit ihm kritisch beziehungsweise unzufrieden zu sein.

Zusammengefasst kann ich somit festhalten, dass derjenige Mensch als souverän, weise oder gelassen erlebt wird, der in eigener Entscheidung bestimmt, wann er sich zu loben oder zu kritisieren und wann er mit anderen unkritisch oder zufrieden zu sein hat.

Wie souverän, weise oder gelassen sind Sie?

In meinen Beratungsstunden gebe ich nun zu gegebener Zeit diese Abbildung (S. 136) auf einer Wandtafel wieder, erläutere sie und bitte dann die einzelnen Familienmitglieder, sich selbst einzuschätzen, indem ich sie auffordere, die folgenden Fragen zu beantworten: Wie gut können Sie mit sich selbst zufrieden sein beziehungsweise abschalten? Wie gehen Sie mit Selbst- beziehungsweise Fremdkritik um? Und wie häufig loben beziehungsweise kritisieren Sie andere? Bemerken Sie es auch, wenn die Dinge in Ordnung sind, oder schauen Sie nur hin, wenn es etwas auszusetzen gibt?

Wenn Sie sich nun in Ihrer Selbsteinschätzung nicht so ganz sicher sind, so besteht die Möglichkeit, einmal Ihren Ehepartner oder sonstige Freunde zu fragen, wie diese Sie erleben. Glücklich kann sich nun derjenige schätzen, der optimal über alle vier Fähigkeiten verfügt und diese dann auch noch passend zur Situation einzusetzen weiß. Nehmen wir einmal an, Sie haben es sehr eilig und Sie wollen mit Ihrem Auto schnellstmöglich aus dem Urlaub nach Hause fahren, aber aus irgendeinem Grund nimmt es nun der Zöllner gerade bei Ihnen sehr genau. In diesem Fall ist es sicherlich nützlicher, mit diesem Beamten unkritisch, zufrieden umzugehen, anstatt ihn zu beschimpfen. Sollten Sie sich ungehalten zeigen, wird er Ihr Auto vermutlich noch genauer unter die Lupe nehmen und Ihnen dadurch noch mehr Zeit rauben.

Da ich nun meine, dass vier Fähigkeiten notwendig sind, um Souveränität, Weisheit oder Gelassenheit zu erlangen, ergeben sich auch vier Variationsmöglichkeiten, in denen Selbst- und Fremdlob beziehungsweise Selbst- und Fremdkritik jeweils unterschiedlich ausgeprägt sind. Die folgenden vier Menschentypen habe ich zu unterscheiden gelernt:

1. Leute, die mit sich und mit anderen zufrieden sind.
2. Leute, die mit sich zufrieden und mit anderen unzufrieden sind.
3. Leute, die mit sich unzufrieden und mit anderen zufrieden sind.
4. Leute, die mit sich und mit anderen unzufrieden sind.

Wichtig ist es mir noch einmal zu betonen, dass eine jede der hier aufgeführten Verhaltensmöglichkeiten sinnvoll und lebensnotwendig ist! Keine dieser Psychodynamiken ist gar schlecht oder »böse«. Probleme gibt es nur, wenn einem Menschen eine Einseitigkeit oder eine Ausschließlichkeit anerzogen wurde. Ein Hammer in einem Werkzeugkasten ist für diese oder jene Problemlösung sicherlich nützlich und sinnvoll – nur lässt sich bekanntlich nicht jede Aufgabe mit einem Hammer erledigen!

Schauen wir uns jetzt die Menschentypen doch einmal im Einzelnen an:

Zu Typ 1:

Als erstes fällt mir im Verhalten dieser Leute positiv auf, dass sie andere eher loben denn kritisieren. Häufig sehe ich ein zustimmendes Lächeln und Kopfnicken. Eine Stimmung der

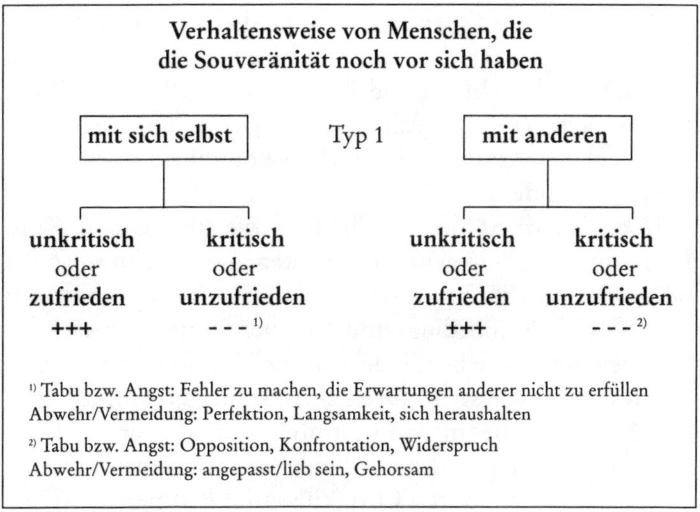

Abb. 5b: Mit sich und mit anderen zufrieden

Harmonie kommt auf. Ich fühle mich geborgen und würde bei Bedarf hier auch gerne Trost holen. Diese Menschen reden und handeln eher langsam. Sie strahlen Ruhe und Zufriedenheit aus. Gerade in unserer heutigen Gesellschaft, in der Hektik, Rastlosigkeit und Aggressivität vorherrschen, fallen sie positiv auf. Befindet man sich jedoch auf Dauer in der Nähe solch liebenswürdiger Menschen, die tendenziell mit sich und mit anderen zufrieden sind, fällt auf, dass man kaum je Kritik zu hören bekommt, obwohl doch nicht immer alles rosig aussehen kann. »Man bleibt dumm.«

Ich behaupte, dass es in einer gut funktionierenden Partnerschaft ungefähr 75 % Übereinstimmung/Harmonie und 25 % Kritik/vorübergehende Missstimmung geben sollte. Wir Menschen – geboren als fehlbare Wesen – bedürfen immer wieder der konstruktiven Kritik, um unseren Erkenntnishorizont erweitern zu können. Insofern fehlt uns etwas, wenn der Partner niemals widerspricht.

Zusätzlich wird man in der Nähe dieser »überzufriedenen« Leute gewahr, dass sie viele Probleme um sich herum gar nicht wahrnehmen und dass sie nicht allzu viel davon halten, beherzt einzugreifen oder zuzupacken. Sie neigen dazu, sich herauszuhalten. Nun, wie kommt ein solches Verhalten zustande?

In der Kindheit dieser Individuen war Opposition, Konfrontation und Widerspruch verboten. Sie wurden so (mehr oder weniger) zu ängstlichem Gehorsam erzogen. Dazu bedarf es nicht unbedingt drakonischer Strafen; Eltern können dies auch erreichen, indem sie die Unbotmäßigkeit ihres Kindes scheinbar sanft durch einen traurigen Gesichtsausdruck oder Liebesentzug bestrafen. Ich erinnere mich an einen älteren Herrn, der mir Folgendes aus seiner Kindheit berichtete: »Mein Vater, Ostpreuße und Rittmeister, stellte mich und meinen Bruder bei Ungehorsam an eine Ziegelmauer und ›erschoss‹ uns. Dass er mit Platzpatronen arbeitete, bekamen wir erst später heraus …« Ich denke, es ist nicht verwunderlich, dass dieser Herr in seinem Leben nicht zu seiner Berufung finden konnte. Er heiratete eine äußerst dynamische Frau, die ihm stets vorschrieb, was er zu tun und zu lassen hatte. Sie nötigte ihn zum Beispiel auch, eine Angestelltenlaufbahn einzuschlagen, wo er doch viel lieber selbstständig sein wollte, um seinen künstlerischen Neigungen nachgehen zu können. Seine Unfähigkeit sich durchzusetzen bezahlte er übrigens mit einem Krebsleiden.

Ich teile die Ansicht von Alice Miller, die in ihrem Buch »Du sollst nicht merken« die These vertritt, dass es fast günstiger ist, wenn Eltern eine unzweckmäßige Erziehungsstrategie mit offensichtlicher Gewalt durchsetzen als mit Liebesentzug, denn der Liebesentzug bleibt im Erwachsenenleben im Unterbewussten zutiefst verborgen, und was nicht erinnert werden kann, ist auch einer Veränderung nicht zugänglich.

Wie kommt es nun, dass diese eher ängstlichen Menschen mit sich selbst so zufrieden sind? Sie erlebten eine behütete Kindheit. Mutter oder Vater oder die Großmutter kümmerten sich in aufopfernder Weise um das Wohlergehen ihrer Sprösslinge. Es gab somit wenig Verantwortung zu tragen, und wenn das Kind dann dennoch einmal etwas Eigenverantwortliches riskierte, wurde ihm sanft bedeutet, dass es wieder einmal alles falsch gemacht, die Erwartungen der Erwachsenen enttäuscht hatte.

»Wenn ich mich heraushalte, mache ich auch nichts falsch«, sagen mir diese Leute des Öfteren. »Ich habe einen Hang zur Perfektion, und da ich Fehler um jeden Preis vermeiden möchte, gehe ich gründlich und bedächtig vor, wenn ich etwas riskiere«, ergänzte ein anderer »Zufriedener«. »Ich suche nicht gerade nach Problemen, denn solange ich sie nicht wahrnehme, setze ich mich auch nicht dem Druck aus, etwas tun zu müssen«, hörte ich von einem Dritten.

Frage ich solche Klienten zum Schluss, was sie denn bei einer Wiedergeburt bei den gleichen Eltern gerne anders hätten, bekomme ich fast immer die Antwort: »Es war alles in allem wunderschön! Ich möchte das Gleiche noch einmal!« Um keine Missverständnisse aufkommen zu lassen, möchte ich noch einmal betonen, dass es im Leben durchaus Situationen gibt, in denen es sinnvoll ist, keine Fehler zu riskieren und sich lieber aus allem herauszuhalten. Erst wenn jemand diese Haltung in allen Lebenslagen und unabhängig von der jeweiligen Situation einnimmt, kann es sein, dass der Betreffende eines Tages einen Preis dafür zahlen muss.

Die therapeutische Empfehlung für diese Leute muss demnach lauten:

- Ich darf Fehler machen und muss mich deswegen nicht schämen! Je eher ich die Angst, einen Fehler zu begehen oder die Erwartungen der anderen zu enttäuschen, in den

Griff bekomme, desto erfolgreicher werde ich sein. Dann endlich kann ich Dinge in Angriff nehmen, die mir wichtig sind, an die ich mich bisher aber nicht herangetraut habe.

- Wenn mir in Zukunft etwas gegen den Strich geht, darf ich mit bestem Wissen und Gewissen einen Konfrontationskurs steuern; ich darf auch mal energisch »auf den Tisch hauen«. Wenn es mir gelingt, mich meiner Haut zu erwehren, muss ich mich nicht länger aus allem heraushalten, sondern kann Verantwortung für mich und andere übernehmen.

Ein Abteilungsleiter, der seit Jahren unter einer schweren Colitis ulcerosa (blutige Dickdarmdurchfälle) litt, wurde seine Erkrankung sukzessive von dem Augenblick an los, als er es sich anlässlich eines von ihm organisierten Betriebsausfluges erlaubte, einen arbeitsunwilligen Busfahrer derart zusammenzustauchen, dass dieser nicht mehr wusste, »ob er Männchen oder Weibchen« war.

Sobald nun ein Mensch, den man in der Kindheit lehrte, nicht zu widersprechen und nichts zu riskieren, sich traut, diese anerzogenen Tabus zu durchbrechen, wird er über »einen vollen Werkzeugkoffer« an Lebensbewältigungsstrategien verfügen. Er wird Souveränität, Weisheit und Gelassenheit erlangen und er wird sich nicht länger in Menschen verlieben, die stets dazu neigen, mit sich und anderen unzufrieden zu sein. Bisher nämlich war ja ein Individuum, das mit sich und anderen unzufrieden war, gerade die Attraktion, denn ihm war etwas erlaubt, was dem »Zufriedenen« bisher strengstens verboten war. Leider aber gab keiner von beiden dem anderen von seinen eigenen Verhaltensweisen etwas ab – im Gegenteil: Ein jeder verstärkte im anderen das aus der Kindheit mitgebrachte Tabu. Indem der »Zufriedene« zufrieden blieb, musste der »Unzufriedene« noch unzufriedener werden, das heißt noch mehr leisten. Und dies wiederum wirkte sich lähmend auf den »Zufriedenen« aus, der sich, als er erkannte, dass man es seinem Partner nie recht machen kann, gänzlich aus allem raushielt.

Ein fataler Teufelskreis: Ein jeder verstärkt – völlig unbewusst – das Verhalten des anderen. Es kommt so zu einer zunehmenden Polarisierung und steigender gegenseitiger Enttäuschung. Diese wächst sich mehr und mehr in Feindseligkeit aus, bis entweder die Ehe zerbricht oder aber mindestens einer von beiden krank wird. – Sich zu verlieben hat einen hohen Preis.

Als nächste Variante eines noch nicht zur Weisheit gelangten Menschen möchte ich die Psychodynamik desjenigen beschreiben, der *mit sich selbst zufrieden, mit anderen aber unzufrieden* ist.

Zu Typ 2:

Das Positive an dieser Psychodynamik sehe ich darin, dass diese Leute eine gut ausgebildete Fähigkeit haben, in sich hinein zu horchen, und ein feines Gefühl dafür besitzen, was ihnen gut tut und was nicht. Sie verfügen jedoch nicht nur über eine exzellente Fähigkeit zur Introspektion, sondern sie können die von ihnen wahrgenommenen Wünsche auch anmelden und dafür Sorge tragen, dass sie umgesetzt werden. Menschen dieser Art werden daher selten ihren Körper überfordern oder ihm sonst irgendwie einen unnötigen Schaden zufügen. Sie sind hervorragende Trainer für andere, denn indem sie immer wieder mit vielen Dingen um sich herum unzufrieden sind und andere aktivieren, diese Unzulänglichkeiten zu beheben, erlangen diese anderen eine hohe Problemlösungskompetenz.

Auch diese Leute haben, wie die oben beschriebenen, eine Kindheit hinter sich, in denen ihnen immer wieder nachgewiesen wurde, dass sie alles falsch gemacht beziehungsweise

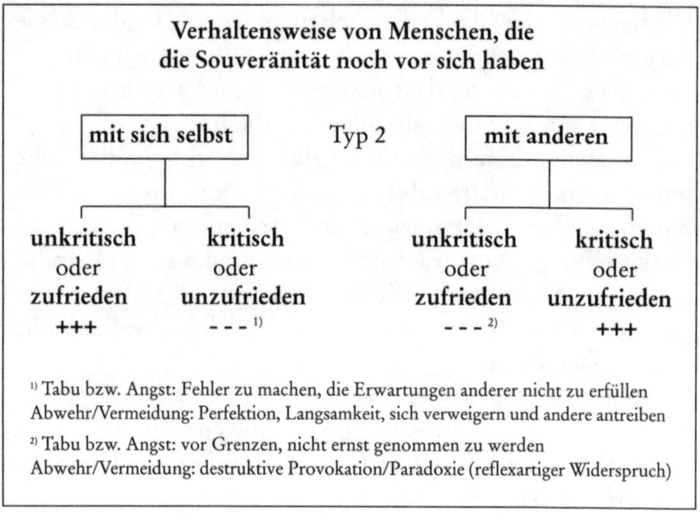

Abb. 5c: Mit sich zufrieden, mit anderen unzufrieden

die Erwartungen der anderen nicht erfüllt haben. Sie waren stets schuldig. Andererseits wurden sie sehr umsorgt, vielleicht sogar verwöhnt. Eigenverantwortliches Handeln wurde ihnen nicht zugestanden. Aufgrund dieser anerzogenen Angst, einen Fehler zu begehen, ist es nur konsequent, wenn diese Individuen zu der Abwehrstrategie der Perfektion greifen und in allem langsam und äußerst bedächtig vorgehen. Im Unterschied aber zu den »Zufriedenen« war es ihnen in ihrer Kindheit erlaubt zu widersprechen, das heißt mit anderen unzufrieden zu sein. Ja, ein reflexartiger Widerspruch war nicht nur erlaubt, sondern die einzige Möglichkeit ernst genommen zu werden. Weil die Eltern sich in ihren Erziehungsauffassungen uneinig und auch noch inkonsequent waren, fühlte sich der Heranwachsende nicht ernst genommen, und so suchte er seine Zuflucht in der destruktiven Provokation – dem reflexartigen Widerspruch. Er neigte also dazu, stets das Gegenteil von dem zu tun, was man von ihm wollte. Diese Menschen fallen daher immer wieder dadurch auf, dass sie sich verweigern. Oder aber sie leben nach dem Motto: Ich tue ja viel für andere, aber man darf es um Gottes willen nicht von mir haben wollen! Menschen, bei denen sich die Selbstzufriedenheit mit der Unzufriedenheit über andere paart, haben eine bemerkenswerte Fähigkeit, sich andere zu Diensten zu machen und dabei das Leben in vollen Zügen zu genießen.

Kritik allerdings vertragen sie kaum, ihr eigenes Verhalten, ihre Persönlichkeit sollte am besten überhaupt niemals zur Debatte stehen. Auch können sie mit Neid und sogar Hass auf Menschen reagieren, die ihnen nahe stehen und erfolgreicher sind als sie selbst. Ihre Tendenz zum Neid erklärt sich daher, dass sie selbst wegen ihres Perfektionswahnes viele Dinge gar nicht erst in Angriff nehmen und sich dadurch auch nur wenige Erfolgserlebnisse auf die Fahnen schreiben können, die sie selbst zu verantworten haben. Diese negative Bilanz gefährdet aber ihre Selbstzufriedenheit nicht, denn sie ziehen ihren Selbstwert ja daraus, dass sie andere motivieren, für sie tätig zu werden. Das mag nun alles etwas negativ klingen, aber mit dieser Strategie kann man in unserem Land sogar Kanzler werden.

Der Nachteil dieser Psychodynamik besteht darin, dass die Betroffenen immer auf Menschen angewiesen sind, die ihnen die Verantwortung für das Leben abnehmen, die ihnen zu Diensten sind. Wer dieses Risiko nicht mehr leben möchte, dem sei empfohlen, zunächst einmal damit zu beginnen, andere in Zukunft mehr zu loben als zu kritisieren. Es sei allerdings auf die Gefahr hingewiesen, dass durch diese Verhaltensänderung Nähe entsteht, die diese Menschen bisher mieden »wie der Teufel das Weihwasser«, weil sie sich dadurch eingeengt fühlten.

»Bei Nähe bin ich angreifbar und verletzlich und daher habe ich mir bisher die Leute stets vom Leibe gehalten«, klärte mich eines Tages eine so genannte »gelernte Hilflose« auf. (Der Psychologe Martin Seligman bezeichnet Menschen, denen in der Kindheit zu viel abgenommen und eine große Angst, Fehler zu begehen, anerzogen wurde, als gelernte Hilflose.)

Der therapeutische Rat für gelernte Hilflose ist der folgende: Ich versuche ihnen Mut zu machen, nun doch einmal etwas in eigener Verantwortung zu unternehmen, wobei ich ihnen ausdrücklich die Erlaubnis erteile, dabei auch Fehler zu machen. Den Menschen aus dem Umfeld der gelernten Hilfosen hingegen empfehle ich, in Zukunft »die Hände in den Hosentaschen zu behalten« und nicht mehr wie früher stets hilfreich einzugreifen.

Hier kann es in der Beratung gelegentlich zu dramatischen Szenen kommen, denn der von Jugend an Aktive und der Kritik eher Zugängliche übernimmt diesen Rat sehr schnell, sicher auch deshalb, weil er ja insgeheim schon immer einmal ausspannen und Verantwortung abgeben wollte. Der gelernte Hilflose dagegen, bisher der Kritik verschlossen und gewohnt, andere für sich arbeiten zu lassen, tut sich zwangsläufig viel schwerer, aus den Startlöchern herauszukommen und initiativ zu werden. Manche Ehen zerbrechen daran, dass der/die bisher Verantwortungstragende sich entschließt, in Zukunft nicht mehr immer für den Partner die Kohlen aus dem Feuer zu holen, während der mit sich Zufriedene weiterhin darauf beharrt, umsorgt und verwöhnt zu werden.

Sobald sich in einem System nur einer ändert und die anderen auf ihrer Position beharren, muss die Verbindung zwangsläufig zerbrechen – es kommt zu Trennung und Scheidung. Es stellt sich hier die Frage, ob es moralisch vertretbar ist, eine solche Entwicklung einzuleiten.

Zwei Antworten möchte ich Ihnen anbieten:

1. Einem Berater/Trainer ist es verboten, solche direkten

Anweisungen zu geben, wie zum Beispiel: »Wechseln Sie den Beruf«, »schaffen Sie sich ein Kind an« oder »lassen Sie sich scheiden«. Kein Mensch kann einen anderen so gut kennen, dass er für ihn verantwortlich entscheiden dürfte! Ein jeder muss schon selbst die Verantwortung für das eigene Leben übernehmen! Familienberatung möchte den Blickwinkel und die Handlungsspielräume der Klienten erweitern. Gelingt dies in einer Therapie, so erschließen sich die Betroffenen Entscheidungsmöglichkeiten, die sie bisher so noch nicht gesehen haben.

2. Persönlich bin ich der Ansicht, dass es keinen Sinn macht, im Leiden fortzufahren, wenn Besserungsmöglichkeiten in Aussicht sind. Vielleicht kennen Sie dieses oder jenes ältere Ehepaar, wo eines Tages der eine von beiden verstarb und der andere auf einmal aufblühte wie eine Orchidee über Nacht. Wäre es da vielleicht nicht besser gewesen, die beiden hätten sich bereits früher getrennt und beide hätten mehr Jahre an Glück genießen können?

Vor mir liegt ein aus einer Zeitschrift ausgeschnittener Cartoon, auf dem ein altes Ehepaar zu sehen ist. Sie sitzt im Hintergrund und strickt, er schaut interessiert in den Fernseher und sagt: »Sieh mal, Else – nach 20 Jahren Zoff wollen die Israelis und die Palästinenser friedlich zusammenleben!« Darauf antwortet sie: »Spar dir deine wachsweichen Anspielungen, Willi! Zwischen uns herrscht Krieg – und damit basta!«

Leiden schafft – wie wir gesehen haben – Erkenntnis, und was würde uns die Erkenntnis nützen, wenn wir nicht danach handeln dürften? Deswegen bin aber auch ich nicht der Auffassung, dass man eine Partnerschaft hinschmeißen sollte, sobald Schwierigkeiten auftauchen.

Schauen wir uns nun den Menschen an, der *mit sich unzufrieden, mit anderen aber zufrieden* ist.

Zu Typ 3:
Leute mit dieser Psychodynamik fallen als so genannte Tatmenschen auf. Sie ziehen ihren Selbstwert daraus, sich nützlich zu machen und auch einmal auf den eigenen Vorteil zu verzichten: Sie leben tendenziell die Strategie des Altruismus (Selbstlosigkeit). So selbstlos ist ihr Tun aber auch wieder nicht, da sie sich wie oben bereits angedeutet glücklich fühlen, wenn sie sich für andere aufopfern können. Diese Menschen erwerben im Verlauf ihres Lebens eine enorme Problemlösungskompetenz, da sie ihre Handlungsspielräume durch ihren ungebremsten Eifer permanent erweitern. Es sind dies Menschen, die zum Beispiel nach einem Krieg ein Land wieder aufbauen und es zum Wachsen, Blühen und Gedeihen bringen.

Menschen mit einer solchen Psychodynamik wuchsen in einem Elternhaus auf, in dem es schlecht war, bei Tatenlosigkeit erwischt zu werden. Wenn überhaupt, wurden sie nur geliebt, wenn sie sich nützlich machten und alle anfallenden Aufgaben unverzüglich und ohne Aufhebens erledigten. Ungeduld war ein Kennzeichen ihrer Erzieher, und so mussten sie sich stets sputen, um den Anforderungen gerecht zu werden. Mit anderen Worten: Langsam sein und eigene Ansprüche anmelden war tabuisiert. Um Tadel vorzubeugen, war es günstig, schnell zu sein und zu funktionieren. Aber auch Widerspruch oder gar Opposition waren verboten, und so passte man sich lieber an, war gehorsam und lieb, um Strafen zu entgehen.

Solche Menschen sind bei Vorgesetzten gerne gesehen, da ihnen keine Aufgabe zu viel oder zu schwierig ist. Man könnte diese Individuen auch die nützlichen Idioten nennen. Es versteht sich von selbst, dass sich ein »Nützlicher« in einen »gelernten Hilflosen« verlieben muss, denn hier kann er sich immer wieder engagieren, Verantwortung tragen und alles in Ordnung bringen.

Verhaltensweise von Menschen, die die Souveränität noch vor sich haben

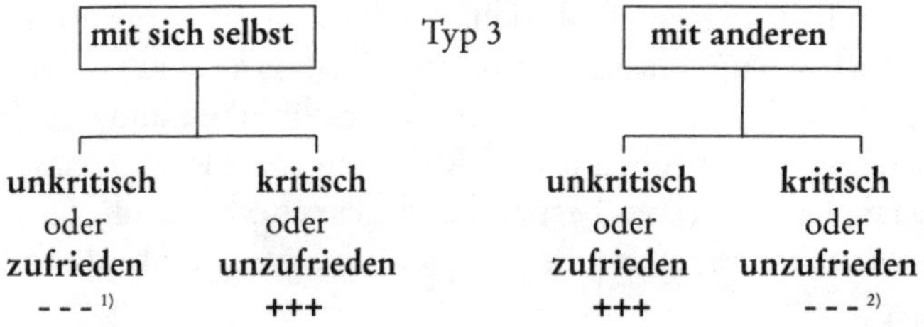

1) Tabu bzw. Angst: zu langsam zu sein und Ansprüche an andere anzumelden
Abwehr/Vermeidung: Schnelligkeit, sich nützlich machen

2) Tabu bzw. Angst: Opposition, Konfrontation, Widerspruch
Abwehr/Vermeidung: angepasst/lieb sein, Gehorsam

Abb. 5d: Mit sich unzufrieden, mit anderen zufrieden

Die therapeutische Empfehlung muß logischerweise lauten: Langsamer werden, entschleunigen, auch einmal an sich denken, innehalten, die Welt genießen und bei Bedarf auch einmal laut werden, auf Konfrontationskurs gehen.

Unglaubliche Ängste sind hierbei zu überwinden, denn bei Faulsein und Widerspruch wurde in der Kindheit mit Erziehungsheim gedroht. Ein Klient, ein »Nützlicher«, erzählte mir einst folgendes Erlebnis: Seit drei, vier Jahren hatte er nun bereits geübt, es auch einmal langsamer angehen zu lassen, nicht immer gleich jede Initiative an sich zu reißen und sich da und dort auch mal seiner Haut zu wehren. »Heute warte ich schon fast darauf, dass sich beim Einkaufen jemand an mir vorbeidrängeln will, damit ich die Möglichkeit bekomme, mein neues Verhalten zu trainieren: ›Gnädige Frau, stellen Sie sich doch bitte hinten an!‹«

Die Tragik dieser »Nützlichen« ist es, dass sie durch ihre übertriebene Selbstlosigkeit – in der Fachsprache unkritischer Altruismus genannt – Egoisten erziehen, worüber sie sich dann wieder heftig beklagen: »Alles muss man stets allein machen! Niemand hilft mir!«.

Auch in diesem Fall zielt die Beratung darauf ab, den Betroffenen die Einsicht zu vermitteln, dass es hin und wieder durchaus sinnvoll ist, die Arme zu verschränken und die Mitmenschen ihre Probleme und Aufgaben allein lösen zu lassen.

Die letzte hier zu besprechende Psychodynamik, *Unzufriedenheit mit sich und mit anderen,* ist in Abbildung 5e dargestellt:

Zu Typ 4:

Auch diese Menschen sind stets auf Achse, es muss immer etwas bewegt werden, Arbeit ist schnell und perfekt zu erledigen. Da sie mit anderen aber auch unzufrieden sein können, besitzen sie jedoch auch die Fähigkeit, andere anzutreiben. Sie tun selbst sehr viel, sind aber auch talentierte Dirigenten. Im Unterschied zu den Menschen vom Typ 3 zeichnen sie sich nicht nur durch die Angst aus, einen Fehler zu begehen und die Erwartungen der anderen nicht zu erfüllen, sondern sie werden gleichzeitig von der Angst getrieben, immer zu langsam zu sein.

Eine paradoxe Situation: Die Angst einen Fehler zu begehen lässt sich durch Perfektion unter Kontrolle halten. Sie führt also in der Regel dazu, dass man in allem bedächtig und langsam vorgeht. Die Menschen, von denen hier die Rede ist, müssen aber perfekt und schnell sein – eine fast unlösbare Aufgabe! Entsprechend stehen diese Menschen unter permanenter Anspannung, vergleichbar einem Dampfkessel, dessen Sicherheitsventil viel zu hoch eingestellt ist.

In ihrer Jugend standen diese Menschen häufig zwischen zwei Fronten: Mutter und Vater trennte (insgeheim) mehr als sie verband, und dem Kind fiel die Aufgabe zu, den Ausgleich zu erbringen. Es wurde in die Rolle des Vermittlers

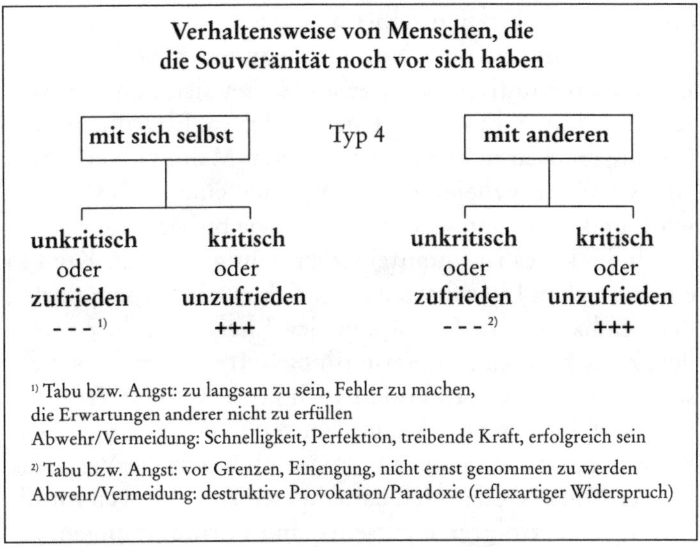

Abb. 5e: Mit sich und mit anderen unzufrieden

gedrängt und hatte strengstens darauf zu achten, keinem der beiden Eltern zu nahe zu kommen. (Hätte es sich einem Elternteil etwas mehr angeschlossen, wäre der andere sofort ungehalten geworden.) In der Fachsprache nennen wir dies eine Triangulation: Mutter, Vater und Kind bildeten ein Dreieck, wobei zwischen Mutter und Vater wenig bis fast überhaupt nicht mehr gesprochen wird und die Kommunikation fast nur noch über das Kind erfolgt.

»Alle zerrten an mir und ein jeder in eine andere Richtung«; »Jeder wollte etwas anderes von mir, Dinge, die sich oft widersprachen«; »Gelegentlich hatte ich Angst, verrückt zu werden« – dies sind Sätze, mit denen die Opfer dieser Szenarien mir ihre Erfahrungen geschildert haben.

Solchen Menschen ist es tendenziell verboten, das Elternhaus zu verlassen und eigene Partnerschaften einzugehen, denn ihre Eigenständigkeit hat fatale Wirkung auf die Eltern, die sich nun plötzlich selbst überlassen sind und in ihrer Empörung mit heftigen Vorwürfen an das Kind reagieren. Um diesen Konflikt zu umgehen, bietet sich zum Beispiel für eine junge Frau aus einem solchen Elternhaus, die Lösung an, sich in einen verheirateten Mann zu verlieben: Alle wissen insgeheim, dass hieraus nie eine Ehe entstehen wird, und alles kann so weitergehen wie bisher.

Ich denke, es ist unmittelbar einsichtig, dass ein Kind in einem solchen Elternhaus nie mit sich zufrieden sein durfte, denn es hatte keine Chance, beiden Eltern gerecht zu werden. Zusätzlich zu dem Vermittlungsauftrag kommt es nicht selten vor, dass ein Elternteil auch noch Rat und Trost bei seinem Kind sucht. »Meine Mutter und ich gingen wie Schwestern miteinander um« oder »Ich war die Vertraute meiner Mutter« oder »Ich hatte in meinen Lösungen für die Eltern stets erfolgreich zu sein« sind Formulierungen, die ich von Frauen aus einem solchen Elternhaus immer wieder zu hören bekomme.

Wenn beide Eltern sich nicht grün sind, sind sie sich in den meisten Fällen auch nicht über ihre Erziehungsauffassung einig. Das Kind ist dann unterschiedlichen Erziehungsstilen ausgesetzt, die noch dazu in den seltensten Fällen konsequent eingehalten werden. Infolgedessen fühlt sich der Heranwachsende nicht ernst genommen (vgl. auch Kap. 4). Um nun aber doch noch ernst genommen zu werden, setzt der Jugendliche die Strategie der destruktiven Provokation ein. Er demonstriert seine Unzufriedenheit mit anderen, indem er reflexartig widerspricht, stets das Gegenteil von dem tut, was man von ihm möchte, bis hin zu Schuleschwänzen, Zündeln etc.

Es liegt jetzt auf der Hand, dass diese Individuen darin bestärkt werden müssen, mit sich selbst zufrieden zu sein. Konkret heißt dies: Sie müssen lernen, sich vor der Unzufriedenheit anderer zu schützen, sich von den Ansprüchen anderer abzugrenzen, sich erlauben, auch einmal nein zu sagen. In dem Maße, indem sie sich dies zutrauen, werden sie endlich mehr Zeit für eigene Projekte haben, gemäß ihrer eigenen Bestimmung leben und sich zunehmend selbst ernst nehmen! Darüber hinaus sollte man diese Menschen ermutigen, auch ihre Mitmenschen einmal zu loben, mit ihnen zufrieden zu sein und die dabei entstehende Nähe und Wärme auszuhalten und zu genießen.

Deutlich sichtbar sind meine Beratungserfolge bei Neurodermitikern, die stets mit sich und mit anderen unzufrieden sind. (Die Neurodermitis ist eine Hauterkrankung, bei der sich die Leute aufgrund eines unwiderstehlichen (!) Juckreizes immer wieder heftigst kratzen müssen und so sukzessive ihre Haut zerstören.) Sobald ein Neurodermitiker einerseits lernt, sich mehr und mehr abzugrenzen, das heißt nein zu sagen, abzuschalten und mit sich zufrieden zu sein, und er es andererseits wagt, Fehler zu machen, eigene Lösungen zu riskieren, bildet sich seine bisher chronische Hauterkrankung zunehmend zurück. Für den Heilungsprozess günstig ist ebenfalls, wenn es ihm gelingt, von der destruktiven Provokation, das heißt von seiner ständigen Unzufriedenheit mit anderen, auf eine konstruktive Provokation umzuschalten, wenn er es also lernt, andere anzuerkennen und seine reflexartige Kritik in ein konstruktive umzuwandeln.

Warum nun all diese Ausführungen über die Psychodynamik einzelner Menschen?

Über siebzehn Jahre hinweg habe ich beobachten können, dass Menschen, die mit sich und anderen zufrieden sind, dazu neigen, sich in Individuen zu verlieben, die mit sich und anderen unzufrieden sind. Umgekehrt suchen sich Leute, die mit sich zufrieden und mit anderen unzufrieden sind, Partner aus, die mit sich unzufrieden und mit anderen zufrieden sind! Nun könnte man denken, dass dies doch eine gelungene Lösung darstellt, denn ein jeder bringt etwas ein, was dem anderen nicht zugänglich ist. – Weit gefehlt!

Ein jeder verstärkt über die Zeit das Verhalten des anderen und keiner bekommt das, wonach er sich bereits seit frühester Kindheit sehnte. Schauen wir uns diese Paarungen doch einmal näher an:

1. Beispiel: Er ist mit sich und anderen zufrieden, und sie ist mit sich und mit anderen unzufrieden.

Sie ist dynamisch, umtriebig, kümmert sich um vieles, organisiert manches und scheut sich auch nicht, ihren Partner zu kritisieren. Was macht jetzt dieses Verhalten mit ihm? Da sie vieles bereits erledigt hat, bevor er bei seiner Zufriedenheit überhaupt aufgewacht ist, gibt es für ihn nichts mehr zu tun, er kann und muss weiter mit sich zufrieden bleiben. Über die Zeit treibt sie ihn so immer mehr ins Nichtstun und gibt ihm keine Chance, aktiv zu werden, mit sich unzufrieden sein zu können. Sie wiederum, die sich im Grunde danach sehnt, endlich auch einmal mit sich zufrieden zu sein und abschalten zu können, wird durch seine Zufriedenheit immer mehr in die Aktivität getrieben.

Da er mit anderen stets zufrieden ist, bekommt sie keine Kritik und fühlt sich zu Recht nicht ernst genommen. Also nörgelt sie an ihm herum, ist mit ihm (destruktiv) unzufrieden, wodurch er noch viel mehr mauert, da er ja mit sich zufrieden sein muss und so Kritik an sich selbst nicht zulassen kann. Beide treiben immer tiefer einen Keil zwischen sich, und eine zunehmende Feindseligkeit entsteht, bis entweder einer von beiden krank wird oder Scheidung im Raum steht.

2. Beispiel: Er ist mit sich unzufrieden und mit anderen zufrieden, und sie ist mit sich zufrieden und mit anderen unzufrieden.

Auch in dieser Paarbeziehung kommt es zu einer Polarisierung: Er, der Aktive und Risikofreudige (er kennt keine Angst vor Fehlern), reißt jede Initiative an sich und treibt seine Partnerin zunehmend in die Ecke der mit sich Zufriedenen. Sie wiederum, erzogen zur Passivität, nötigt ihn dazu, noch mehr tun. Ihrer ständigen Kritik aber hat er nichts entgegenzusetzen, widerspruchslos wird er sich weiter darum bemühen, ihr alles recht zu machen und darunter leiden, dass sie ihm dafür die Anerkennung versagt.

Sinnvoller erscheint es mir somit, dass sich jeweils zwei aus demselben Lager zusammenfinden, also zum Beispiel zwei, die sich dadurch auszeichnen, dass sie mit sich und mit anderen zufrieden sind, oder die darin übereinstimmen, mit sich und mit anderen unzufrieden zu sein. Zwei, die einander ähnlich sind, kämen so zusammen, und das erhöht, wie wir bereits gesehen haben, die Überlebenschancen ihrer Beziehung.

Noch besser wäre es natürlich, wenn es jedem Einzelnen gelänge, die in seiner Kindheit anerzogenen Defizite auszugleichen und sich einen vollen Werkzeugkoffer an Lebensbewältigungsinstrumenten anzueignen. Dann nämlich entfiele die Notwendigkeit, sich nach einem gegensätzlichen Partner umzusehen, und die Verliebtheitsfalle könnte nicht mehr zuschnappen. Die Betroffenen könnten sich die unglücklichen Konsequenzen des *Sich-immer-wieder-Ver-Liebens* ersparen und ein jeder Tag könnte mit *Lieben* erfüllt sein.

Die vier Bausteine der Weisheit

Um Sie in Ihrer Selbsterkenntnis noch ein Stück voranzubringen, möchte ich mich jetzt zum Abschluss dieses Kapitels dem Thema Souveränität, Weisheit und Gelassenheit noch von einer anderen Seite her nähern.

Ich meine, dass ein Mensch in seiner Kindheit in vier Lebenssituationen Zuneigung erfahren sollte (s. Abb. 6, eine gesunde Ernährung, ein Zuhause, eine zweckmäßige Bekleidung sowie eine ausreichende Möglichkeit zur Bewegung setze ich voraus):

Zu a: Ein Mensch hat das Glück, in allen vier Kreisen, das heißt in allen vier Lebenssituationen Anerkennung, Zuneigung, Liebe erfahren zu haben.

Zu b: Ein Jugendlicher sollte Zuneigung erfahren, wenn er sich angepasst zeigt, das heißt, wenn er die Spielregeln der Eltern, der Gesellschaft befolgt. Mit anderen Worten: Der Heranwachsende sollte da und dort seinen Erziehern keinen Ärger bereiten, indem er sich aus den Belangen der Erwachsenen heraushält und, wo es angemessen ist, im Hintergrund bleibt. Für dieses »pflegeleichte« Verhalten sollte er die verdiente Anerkennung bekommen, denn den Eltern wird es dadurch möglich, sich um ihre eigenen Dinge zu kümmern. Loben die Eltern das Wohlverhalten ihres Sprösslings, so wird dieser noch mehr motiviert sein, sich von seiner Schokoladenseite zu zeigen: Es handelt sich um einen positiven Rückkoppelungskreis. Ein jeder verstärkt das Verhalten des anderen!

Zu c: Aber auch wenn sich das Kleine glücklich und zufrieden zeigt, »über alle vier Backen strahlt«, sollte es Zeichen der Zuneigung erfahren. Ich denke hier an den lächelnden Säugling im Kinderwagen, der durch seine Zufriedenheit die liebende Zuwendung seiner Eltern auszulösen vermag. Die Eltern geben sich Mühe, dass es dem Kind gut geht. Dieses lächelt vergnügt vor sich hin, was die Eltern wiederum motiviert, auch weiterhin dafür Sorge zu tragen …

Zu d: Eine Gesellschaft kann nur funktionieren, wenn da und dort auch Selbstlosigkeit, Altruismus gelebt wird. Zuerst ein Beispiel aus der Tierwelt: Murmeltiere leben bekanntlich in Erdhöhlen. Zur Nahrungssuche müssen sie nun aber nach oben, wo Füchse, Marder und Adler lauern.

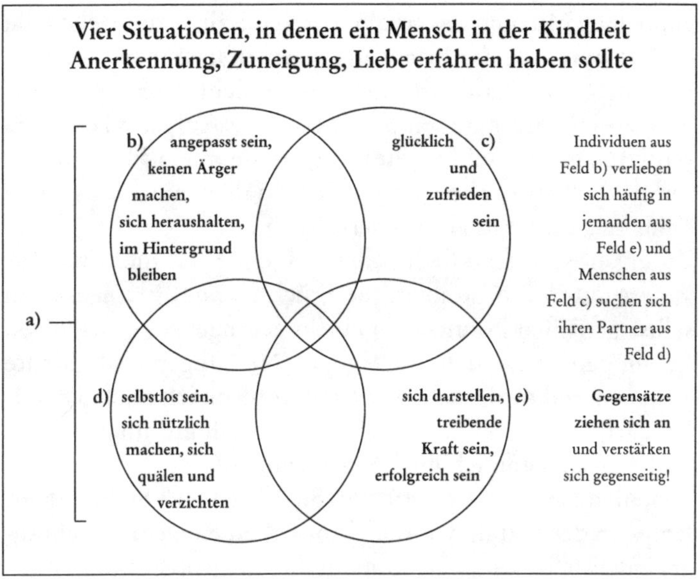

Abb. 6: Vier Situationen der Zuneigung. Die Kreise überschneiden sich absichtlich, um deutlich zu machen, dass die einzelnen Bereiche niemals völlig voneinander isoliert sind.

Also positioniert sich ein Murmeltier auf einer Anhöhe und hält Wache, während die anderen Futter suchen und vielleicht auch ein wenig herumtollen können. Ist Gefahr im Verzuge, stößt der Wächter einen schrillen Warnpfiff aus, und die gesamte Murmeltierfamilie rettet sich in die unterirdischen Gänge. Vielleicht schafft es auch noch der Wächter selbst, sich in Sicherheit zu bringen. Wenn nicht, so hat seine Selbstlosigkeit immerhin bewirkt, dass der Rest der Familie überleben und seine Gene weitergeben konnte.

Jede Versicherung lebt vom Gedanken des Altruismus: Viele zahlen ein, damit im Falle der Not einem Einzelnen geholfen werden kann. Ein Kind sollte also immer wieder einmal die Möglichkeit erhalten, sich nützlich zu machen. Ja, es darf durchaus die Erfahrung machen, dass man gelegentlich auch einmal auf Angenehmes verzichten und Anstrengungen in Kauf nehmen muss, um eine Aufgabe zu einem erfolgreichen Abschluss zu bringen. Wenn ein Heranwachsender Selbstlosigkeit und Liebe erfährt, wird dies seine Fähigkeit zum Altruismus verstärken …

Zu e: Selbstverständlich sollte sich ein Kind nicht nur für andere aufopfern, sondern die Früchte seines Erfolges auch selbst genießen können. Zu einem gelungenen, glücklichen Leben gehört es auch, die eigenen Neigungen und Talente ausleben und fördern zu dürfen. Nur wenn ich mich darstellen darf, erfahre ich mich selbst, werde ich mir meines Wertes bewusst, kann ich mich ernst nehmen!

Stellen Sie sich nun bitte vor, Sie hätten eine Stabtaschenlampe in der Hand, den Reflektor auf einen weiten Lichtkegel eingestellt. Wenn Sie nun mit diesem großen Lichtradius auf die Abbildung 6 leuchten, so strahlen Sie alle vier Felder an. Ein Kind würde sich jetzt in allen vier Bereichen angeleuchtet, geliebt fühlen und könnte somit alle vier Verhaltensweisen erlernen und zutiefst verinnerlichen.

Jetzt mache ich aber in meiner täglichen Arbeit immer wieder die Erfahrung, dass die bei mir um Rat Suchenden tendenziell (!) nur in einem dieser vier Felder Zuneigung erfahren haben. Selbstverständlich werden auch die drei anderen Felder angeleuchtet, aber leider nur geringfügig. (Dies soll in den Überschneidungen der Kreise deutlich gemacht werden.)

Ich möchte das Zusammenspiel der vier Felder nochmals in einem anderen Bild verdeutlichen: Stellen Sie sich eine Open-Air-Bühne vor. Auf der linken Seite hat ein Chor Aufstellung genommen, und rechts sehen Sie ein Sofa, auf dem sich ein Mensch niedergelassen hat, der in der einen Hand ein Glas Sekt, in der anderen ein Lachsbrötchen hält.

Vorne am Mikrofon der Stargast, der sich darstellt und erfolgreich seine Soli schmettert. Im Dunkel unter der Bühne, gerade noch wahrnehmbar, kann man einen weiteren berühmten Sänger erkennen, der mit seinen Füßen den Dynamo tritt, damit die oben auf der Bühne Strom für ihre Verstärkeranlage haben.
Wer vorrangig dafür geliebt wurde, dass er sich anpasste und keinen Ärger machte, wird sich auch später im Hintergrund halten und in der letzten Reihe des Chores singen. Er wird wenig von sich preisgeben und wenig Sensibilität für die Probleme um sich herum entwickeln, denn sonst müsste er ja nach vorne treten und sich darstellen, sich eventuell Ärger einhandeln.

Sie haben es erkannt? Die Leute, die tendenziell dem Kreis (b) zuzurechnen sind, sind diejenigen, die mit sich und mit anderen zufrieden sind. Ihre Partner sind demnach immer wieder diejenigen, die Initiative ergreifen und Verantwortung übernehmen müssen, ob sie es nun wollen oder nicht. Das Gegenüber eines Angepassten wird es sich kaum gönnen können, mit sich selbst zufrieden zu sein.
Wer vorrangig einfach nur dafür geliebt wurde, dass er da, glücklich und zufrieden war (c), hat ein breites Spektrum an Strategien entwickelt, um sich andere dienstbar zu machen. Ob diese Menschen nun ein betrübtes Gesicht machen, hilflos herumstehen oder einen Wutanfall inszenieren, jedes Mittel ist ihnen recht, wenn es ihnen nur gelingt, andere Menschen unter Druck zu setzen, denn alles, was sie wollen, ist, dass man sich um sie kümmert. (Wer glücklich und zufrieden ist, hat wenig Motivation etwas für andere zu tun.) Um in unseren Bühnenbild zu bleiben, könnte man sagen, dass diese Klientel zu den Menschen gehört, die andere dazu gebracht haben, für sie ein Sofa auf die Bühne zu schleppen, Sekt und Brötchen zu besorgen und einen ganzen Chor zu ihrer Erbauung singen lassen. Es versteht sich wohl von

selbst, dass ein solcher Mensch sich nur in einen Selbstlosen verlieben kann und muss.

Der selbstlose Erwachsene (d) hat in seiner Jugend gelernt, dass er – wenn überhaupt – nur dann geliebt wurde, wenn er sich nützlich machte und auf vieles verzichtete. Eine Standardsituation wäre die älteste, unerwünschte Tochter (ihretwegen musste geheiratet werden), die nun ihre jüngeren Geschwister großziehen und auch sonst im Haushalt kräftig mithelfen muss. Es handelt sich also um Menschen, die stets mit sich unzufrieden und mit anderen zufrieden sind. Solche Leute können gar nicht anders als sich in Individuen aus dem Bereich (c) zu verlieben, denn nur hier ist Altruismus möglich und nur das haben sie gelernt. Der unermüdliche Eifer der Selbstlosen wirkt auf ihr Umfeld entmutigend, lähmend und sogar entmündigend, und so wird es immer schwerer für sie, sich aus ihrer Selbstlosigkeit zu befreien.

Die Menschen aus Kreis (e) wurden in ihrem Elternhaus darauf trainiert, erfolgreich zu sein. Sie erhielten Anerkennung für ihre schulischen Erfolge, wurden aber auch für die Bedürfnisse der Erwachsenen herangezogen; sie sollten beispielsweise der Trost der Mutter oder der Stolz des Vaters sein. Aber nicht nur hierdurch sind sie auf Erfolgskurs programmiert. Auch die Tatsache, dass sie stets mit anderen unzufrieden sind, prädestiniert sie für harte Konkurrenzkämpfe, macht sie allerdings zu schlechten Verlierern. Im Grunde ihres Herzens aber möchten diese Leute gar nicht immer in vorderster Reihe stehen, viel lieber würden sie selbst einmal zurücktreten, und schon verlieben sie sich in Individuen aus dem Feld (b). Andere reagieren auf ihre energische Umtriebigkeit allerdings mit Rückzug, sie verschwinden in der hintersten Reihe des Chores und drängen somit die mit sich selbst Unzufriedenen in die Rolle des Aktiven zurück.

Wenn Sie sich eine Käseglocke über jedem dieser vier Kreise vorstellen, so haben Sie die Situation eines solch einseitig geliebten Menschen. Er kann sich nur diesen einen Umgang mit der Welt vorstellen und setzt stereotyp – egal ob es nun zur Situation passt oder nicht – diese ihm einzig mögliche Lebensbewältigungsstrategie ein. Die Grenzen sind mit Stacheldraht und Elektrozaun gesichert. Die anderen drei Felder zu betreten, ist »bei Todesstrafe« verboten. In der Kindheit anerzogene und somit im Unterbewusstsein verankerte Ängste blockieren einen Grenzübertritt.

So bin ich einmal einem einseitig Selbstlosen oder – wie man treffender formulieren könnte – einem unkritischen Altruisten begegnet, der sich mehrfach in »gelernte Hilflose« verliebt hatte, sich für sie aufgeopfert und dadurch fast sein ganzes Leben ruiniert hatte. Als ihm dies im Rahmen der Beratung bei mir erstmalig bewusst wurde, entwickelte er im Rückblick auf sein bisheriges Leben ernst zu nehmende Selbstmordgedanken. Nur mit Mühe gelang es mir, ihm neue Lebensperspektiven zu eröffnen.

Im nächsten Kapitel möchte ich mich nun einer Partnerschaftsblockade zuwenden, die vor allem Frauen in unserem Land immer wieder daran hindert, einen für sie bekömmlichen Ehepartner zu gewinnen.

Sie beißt und kratzt,
Wenn ihr was nicht passt.
Sie geht keinem Streit aus dem Weg.
Sie weiß, was sie will,
und das sehr genau.
Oh Mann, ich mag diese Frau!
Sie liebt und hasst,
bei ihr geht nichts auf Lau.
Sie ist der Typ, für den ich Sterne klau.
Stur wie tausend Rinder,
Mutter meiner Kinder,
oh Mann, ich mag diese Frau!
Krieg und Frieden,
hassen oder lieben,
alles ist drin bei dieser Frau.
Offen und ehrlich,
zärtlich und gefährlich,
schön und stolz wie ein Pfau.
Sanft und kantig,
liebevoll und grantig
und so kühl wie der Morgentau.
Stur wie tausend Rinder,
Mutter meiner Kinder.
Oh Mann, ich mag diese Frau!
Im größten Streit gibt sie niemals auf
und ist das Argument noch so schlecht.
Sie weiß, sie gewinnt,
ja, das weiß sie genau.
Oh Mann, ich mag diese Frau!

(Dirk Busch)

7. Kapitel

Daddies kleine Tochter

Die folgende Geschichte mag manchem Leser und mancher Leserin übertrieben oder gar frei erfunden vorkommen. Mitnichten. Kein Detail ist aufgebauscht oder gar erdichtet. Es hat sich tatsächlich alles so abgespielt, wie ich es auf den folgenden Seiten darstelle.

Nach über dreißig Jahren ärztlicher Tätigkeit, und dies in den verschiedensten Sparten (Unfallchirurgie, Gynäkologie, innere Medizin, hausärztliche Tätigkeit und über 17 000 Familientherapiestunden), darf ich heute auf einen solch großen Fundus an Erlebnissen zurückblicken, dass ich nicht genötigt bin, Geschichten zu erfinden. Ohnehin inszeniert das Leben meist viel aufregendere Erlebnisse, als man sie selbst hätte ausdenken können.

Es war eine wunderbare Tracking Tour von Vancouver Island nach Calgary gewesen – die Wale, Delphine, Seelöwen und später die Bären, Elche und Adler waren pünktlich zum Fototermin zur Stelle gewesen, drei Wochen im Zelt, nachts das Rauschen der Bäume, der schäumende Fluß, der unser Schlauchboot umwerfen wollte … Alles zusammengefasst: Einfach ein Traum.

Entspannt nahm ich Platz auf dem Fenstersitz eines Flugzeuges, das mich nach Frankfurt zurückbringen sollte. Noch ganz erfüllt von all den Eindrücken der letzten Zeit, ließ ich die eine oder andere Waldlandschaft an meinem geistigen Auge vorüberüberziehen.

»Ist der Sitz neben Ihnen noch frei?«, wurde ich auf einmal aus meinen Träumen gerissen. Schräg vor mir stand eine Frau, ca. dreißig Jahre jung, sparsam bekleidet, beinahe so, als wolle sie zum Strand, und ehe ich noch etwas sagen konnte, knallte sie sich auch schon in den Sitz. Dabei rutschte ihr der linke Busen aus dem viel zu engen BH, was sie aber nicht in die geringste Verlegenheit zu bringen schien. »Auweh!«, ging es mir durch den Kopf. Ich hatte doch von einem geruhsamen Flug nach Hause geträumt, aber mit dieser Sitznachbarin würde daraus wohl nichts werden.

Und schon ging es los. »Kommen Sie aus Deutschland?« Ich nickte bejahend, und bevor ich noch etwas sagen konnte, fuhr sie fort: »Das ist ja wunderbar! Hören Sie, ich komme aus Calgary, bin dort aufgewachsen und möchte jetzt entfernte Verwandte in Wiesbaden besuchen. Wo wohnen Sie in Deutschland? Können Sie mir ein paar Tipps über Wiesbaden und Umgebung geben? Und was sollte ich noch in Deutschland gesehen haben? Und …«

»Stop, stop, stop«, unterbrach ich erst einmal ihren Redefluss. »Eins nach dem anderen. Zufällig bin ich in der Nähe von Wiesbaden zu Hause und kann Ihnen somit einige Tips geben. Ich müsste aber erst einmal wissen, in welche Richtung Ihre Interessen gehen.« – »Später, später«, wehrte sie meine Einlassung ab. »Was machen Sie beruflich? Und wo waren Sie hier in Kanada?« Als ich anfing von den herrlichen Naturerlebnissen zu erzählen, schaute sie mich auf einmal prüfend an und meinte plötzlich: »Sie sind sicher ein Psychologe! Sie schauen einfach so aus. Und wissen Sie was? Damit Sie nicht lange an mir und meinem Aufzug herumrätseln müssen, gestehe ich es gleich, ich bin Daddies kleine Tochter!«

»Okay, ich bin zwar kein Psychologe, aber als Arzt arbeite ich in der gleichen Richtung«, gab ich mich zu erkennen und fügte hinzu: »Außerdem bin ich noch im Urlaub und habe keinerlei Ambitionen, mich fachlich zu betätigen!«

»Wissen Sie, meine Eltern ließen sich, als ich drei Jahre alt war, scheiden und ich blieb bei Dad«, fuhr sie unbeirrt fort. »Von Bob bekam ich alles. Der hat mich nach Strich und Faden verwöhnt. Mit sechzehn Jahren bekam ich mein erstes Auto. Ausgehen durfte ich wann und solange ich wollte. Und weil Dad viel Geld verdiente, spielte Geld auch keine Rolle. Es war der Himmel auf Erden. Nach der High School studierte ich Sozialarbeit, und jetzt habe ich einen Job bei der Stadtverwaltung von Calgary.«

»Gibt es einen Ehemann und Kinder?«, wurde ich jetzt doch neugierig. Sie lachte hell auf. »Oh ja, einen Mann gab es und eine kleine Tochter habe ich. Die ist im Augenblick bei einer Freundin untergebracht. Da gefällt es ihr sicher ganz gut. Mike war mir viel zu eifersüchtig. Der verlangte doch tatsächlich von mir, dass ich nicht so oft abends allein ausgehe, und wenn ich morgens um fünf nach Hause kam, war er stinksauer. Ist doch urkomisch! Finden Sie nicht auch? Außerdem hat er immer wieder an meiner Kleidung herumgemeckert. Am liebsten hätte er mich von oben bis unten eingewickelt, dabei gefallen euch Männer doch unsere weiblichen Reize. Das zumindest habe ich bei Dad gelernt; wenn der mir mal ausnahmsweise einen Wunsch abschlagen wollte, musste ich nur ein wenig mit dem Po wackeln oder, na ja, Sie wissen schon … Nicht dass wir sexuell etwas miteinander gehabt hätten! Dafür war Dad viel zu anständig, aber so ein gewisses Vibrieren war immer in der Luft. Wir verstehen uns einfach wunderbar. Na ja, nach knapp zwei Jahren Ehe habe ich dann Mike gebeten, das Haus zu verlassen. Und das muss man ihm lassen, er hat keinerlei Schwierigkeiten gemacht.«

»Und seit da haben Sie den Männern abgeschworen?« – »Aber nein!«, rief sie kopfschüttelnd. »Ich habe einen zum

Ausgehen, einen weiteren fürs Bett. Ich bin ja keine Nonne! Und wenn an meinem Häuschen etwas zu reparieren und Dad gerade beruflich unterwegs ist, dann gibt es da auch noch Männer. Komisch nur, dass ich immer wieder an verheiratete Typen gerate.«

»Im Rahmen Ihrer Ausbildung zur Sozialarbeit sollten Sie doch einige Hinweise erhalten haben, die Ihnen helfen könnten, diesen Zusammenhang zu verstehen«, bemerkte ich leicht ironisch. Sie sah mich fragend an. »Nun ja, Sie haben doch sicherlich einiges über Psychotherapie oder Familientherapie gelernt. Ich meine, Sie sollten schon einmal etwas davon gehört haben, dass sich Kinder über die Maßen an ihre Eltern binden oder dass sie im Sinne von Delegationen Jobs von Eltern übernehmen«, insistierte ich weiter.

»Nein, so was kam bei uns nicht vor. Mein Interesse galt von Anfang an mehr den Ausgeflippten, Drogenabhängigen, Alkoholikern und Gestrandeten. In meinem Job geht es hauptsächlich darum, wie ich denen im Rahmen der bestehenden Verwaltungsvorschriften helfen kann.«

Ich war müde geworden und wollte ein wenig abschalten, denn so leicht fließend ist mein Englisch auch wieder nicht, und irgendwie war Kate, so hatte sie sich vorgestellt, unglaublich anstrengend. Draußen ging – in rasendem Tempo – die Sonne unter und Grönland versank unter uns in einer totalen Finsternis.

Nanu, das auch noch! Ärgerlich bemerkte ich, wie sich auf einmal ein Frauenoberschenkel an dem meinen rieb und ein »He, Doc!« mich endgültig aus meiner Versenkung riss. »Sie können es wohl nicht leiden, wenn ein Mann Ihnen nicht gehorcht«, knurrte ich verdrossen. »Aber eben haben Sie gehorcht, denn Sie sprechen ja wieder mit mir«, lächelte sie mich an. »Ich möchte wissen, was Sie damit gemeint haben, ob ich nicht auch in Familientherapie ausgebildet sei.«

»Nun, wenn ich mir Ihre Schilderungen über Ihr Verhältnis zu Ihrem Vater und zu Männern im Allgemeinen und auch Ihr äußeres Erscheinungsbild so durch den Kopf gehen lasse, könnte man schon auf den Gedanken kommen, dass es da vielleicht noch den einen oder anderen Bereich gibt, mit dem sich auseinander zu setzen lohnenswert sein könnte. Und wenn man eine therapeutische Ausbildung absolviert, erfährt ja man ja in der Regel einige Neuigkeiten über sich selbst, mit denen man dann ins Reine kommen möchte.«

»Also schießen Sie los! Wo bin ich verbesserungswürdig?« – »Ist dies ein eindeutiger Beratungsauftrag?«, hakte ich nach. »Ich engagiere mich in diese Richtung nur, wenn ein definitiver Auftrag vorliegt! Sie müssen dann schon auch für die Konsequenzen haften. Ich meine hier und heute, nicht finanziell, sondern es könnte passieren, dass Sie mit einer Sichtweise konfrontiert werden, die Ihnen gar nicht behagt.« Kate antwortete ungeduldig: »Nun machen Sie schon! Was soll diese Ziererei? Ich bin doch nicht aus Porzellan!«

»Könnte es sein, dass Sie Ihre Eltern, insbesondere Ihren Vater, am ehesten dadurch erfreuen konnten, dass Sie glücklich und zufrieden waren?«

»Oh ja! Wenn ich strahlte wie ein Posaunenengelchen, wenn es mir rundum gut ging, dann war auch Dad ganz happy. Der gab sich immer große Mühe, mir alle Steine aus dem Weg zu räumen. Er war und ist in seiner Fürsorglichkeit einfach ein unschlagbarer Vater!«

»Nun, Ihr Vater ist ja auch nur ein Mensch, und so ist ihm vielleicht doch hin und wieder eine kleine Nachlässigkeit unterlaufen. Was haben Sie in diesen Situationen unternommen, um ihn an seine Fürsorgepflichten zu erinnern?«

Mit einem Schlag war das bisherige liebevolle, sonnige Lächeln aus ihrem Gesicht verschwunden und ein harter, kalter Zug machte sich um ihren Mund herum breit. »Das hätte er sich mal erlauben sollen. Da wären aber die Fetzen geflogen. Schließlich war ich immer für ihn da und habe mich für ihn schön gemacht, da konnte er doch schließlich auch was für mich tun!«

Das alte, gewinnende Lächeln war wieder in ihr Gesicht zurückgekehrt und schmunzelnd meinte sie: »Wissen Sie, um mir einen Mann gefügig zu machen, tue ich einfach alles, sei es mit meinem Outfit, sei es mit Schmeicheleien oder mit Blumenvasenschmeißen, da kenne ich keine Hemmungen. Und wenn ich ihn dann so weit habe, dann kann ich ihn nur noch verachten. Pech für ihn!«

»Sie sind somit die geborene Führungspersönlichkeit! Sie besitzen die große Fähigkeit, anderen ein schlechtes Gefühl zu vermitteln und sie dadurch zu veranlassen, etwas zu unternehmen, damit es Ihnen besser geht. Das Ergebnis dieser Bemühungen wird dann selbstlos bei Ihnen abgeliefert und damit geht es Ihnen wieder gut.«

»Also hören Sie mal. So darf man das aber nicht sehen! Das klingt ja gerade so, als ob ich ein Egoist bin. Ich bin es doch, die sich immer wieder für andere aufopfert! Wenn die Männer so blöd sind, mir immer wieder die Sterne vom Himmel zu holen, so ist das doch deren Problem!«

»Ich habe noch eine einzige Frage an Sie und dann möchte ich den wunderbaren Sonnenaufgang genießen. Da hinten erscheint bereits der erste Helligkeitsstreifen am Horizont. Wie hat damals Ihr Vater reagiert, als Sie ihm offenbarten, dass Sie heiraten wollten?«

»Er war stinksauer. Natürlich hat er es nicht offen gezeigt. Dazu war er viel zu stolz. Als ich ihm aber dann von einer prunkvollen Hochzeit vorschwärmte, war er wieder voll dabei, denn für mich etwas zu organisieren ist ja sein Lebenselixier.«

»Einfach wunderbar, einen solch fürsorglichen und aufopferungswilligen Dad zu haben«, bestätigte ich sie und fuhr fort: »Ihre innige Beziehung zu Dad lässt in mir die Hypothese aufkommen, dass Sie im Geiste (!) bereits seit frühester Kindheit mit Ihrem Vater verheiratet und damit für keinen anderen Mann mehr erreichbar sind.«

»Habe ich es mir doch gleich gedacht, dass Sie mich nur beschimpfen und fertig machen wollen. Zwischen mir und meinem Dad hat es nie eine körperlich unanständige Berührung gegeben. Ihr Psychologen denkt doch nur immer an Sex und Penisneid und solchen Schweinkram. Das brauche ich mir nicht gefallen zu lassen!« Abrupt drehte sie sich von mir weg und ich wurde bis zur Landung keines Blickes mehr gewürdigt.

***

Familientherapeutische Kollegen werden jetzt vielleicht einwenden, dass ich nicht so direkt hätte vorgehen sollen. Metaphern, Märchen, einfache Bilder wären möglicherweise günstiger gewesen, die Kritikempfindlichkeit von Kate zu unterlaufen. – Mag sein.

Mich dagegen leitete die Erkenntnis aus der Kooperationsforschung: »Tue immer das, was dein Gegenüber getan hat!« Kate war gut im Austeilen und ging dabei selbstverständlich davon aus, dass andere gut einstecken können. Gut, dann darf sie auch mal etwas einstecken. Hätte ich mich nicht getraut, sie auch einmal liebevoll zu konfrontieren, hätte ich ihr signalisiert, dass es ihr gelungen ist, mich einzuschüchtern. Dann hätte ich reagiert wie wohl die meisten Männer in ihrem Umfeld und wäre somit zum Komplizen ihrer Verhaltensweisen geworden.

Mit Bert Hellinger teile ich die Meinung, dass eine Ehe unter anderem dann gute Voraussetzungen für Dauerhaftigkeit hat, wenn die Tochter einer Mutter den Sohn eines Vaters heiratet. Probleme stehen sofort ins Haus, wenn die Tochter eines Vaters (Daddies kleine Tochter) den Sohn einer Mutter

(Muttersohn – nicht zu verwechseln mit einem Muttersöhnchen) ehelicht. Diese These ist erklärungsbedürftig:

Wir Menschen haben drei Möglichkeiten zu lernen, und zwar durch:

- Nachahmung,
- Nachdenken und
- Scheitern (Fehlermachen).

In der Kindheit setzen wir vorrangig die Nachahmung ein. Und so lernt ein Bub das Mannsein, indem er das Verhalten seines Vaters imitiert, und ein Mädchen lernt Frausein, indem es sich die Mutter zum Vorbild nimmt. Dies kann natürlich nur gelingen, wenn der gleichgeschlechtliche Elternteil auch Zeit für seinen Nachwuchs hat und der andere Elternteil damit einverstanden ist, dass die beiden ein gutes Verhältnis zueinander aufbauen. (Ich habe Familien kennen gelernt, wo die Mutter eifersüchtigst darüber wachte, dass auch ja keines ihrer Kinder einen wirklich guten Kontakt zum Vater entwickelte, und zwar bereits vor der Scheidung.)

Wenn der Vater nicht da ist, fehlt dem Jungen das männliche Vorbild. Er lernt also eher weibliche Verhaltensweisen, wie zum Beispiel ein hohes Maß an Einfühlsamkeit, Fürsorglichkeit und die Bereitschaft zur Anpassung. Wenn er erwachsen ist, wird er sich dann schwerer tun, sich in der konkurrenzorientierten Männerwelt durchzusetzen. Und vor allem lernt er nicht, einer Frau auch einmal – selbstverständlich im achtungsvollen Sinne – Paroli zu bieten. Das größte Handicap sehe ich allerdings darin, dass solchen Männern Frauen viel zu wichtig sind. Das Thema Frau beherrscht ihr Denken und Handeln in einem Maße, das ihren Handlungsspielraum einschränkt und unter dem nicht selten sogar ihr berufliches Fortkommen leidet.

Daddies kleine Tochter dagegen wird eher männliche Züge aufweisen, das heißt, sie wird konkurrenzorientiert auftreten, sich fordernd zeigen und immer wieder davon ausgehen, dass Männer dazu da sind, ihr zu Füßen zu liegen und sie auf Händen zu tragen. Die Gefahr, dass dabei ihre eigenen Fähigkeiten nicht zur Entwicklung kommen, ist groß.

Kommen die Tochter eines Vaters und der Sohn einer Mutter zusammen, so haben beide ihre Vergangenheit noch nicht abgeschlossen. Beide sind noch an einen Elternteil gebunden. Daddies kleine Tochter wird insgeheim stets ein schlechtes Gewissen haben, wenn sie sich mit einem Mann ihrer Generation einlässt, denn dann geht sie ja – in den Augen ihres Vaters – fremd. Also wird sie dazu neigen, sich entweder in verheiratete Männer zu verlieben – denn hier ist eine feste Bindung ausgeschlossen, was den Vater besänftigt –, oder aber sie traut sich, einen gleichaltrigen Partner auszuwählen, den sie dann jedoch mit ihren überzogenen Ansprüchen heillos überfordert. Da es ihm unmöglich ist, der Frau den Vater zu ersetzen, wird man ihm sehr bald den Laufpass erteilen. So verschleißt sie einen jungen Mann nach dem anderen und wundert sich, dass es zu keiner dauerhaften Bindung kommt. Eine dritte Variante, auf die Frauen vom Typ »Daddies kleine Tochter« oft verfallen, besteht darin, sich einen wesentlich älteren und vielleicht auch betuchten Herrn als Ehemann auszusuchen. Dieser »zweite Vater« kann sie wenigstens weiter verwöhnen, und da er als Senior dem leiblichen Vater im Alter doch recht nahe ist, ist er zumindest keine jugendliche Konkurrenz. Unabhängig davon, für welchen Mann sie sich auch immer entscheiden wird, sie wird immer wieder dazu neigen, Rat und Tat bei ihrem alten Herrn zu suchen. Ihr Angetrauter hat da nicht viel zu melden.

Aber auch ein Sohn der Mutter ist nicht frei, sondern er steht lebenslang unter der Fuchtel seiner Mama, immer hat sie den Vorrang vor der Ehefrau. Entscheidender ist aber, dass Mutters Sohn überhaupt nie gelernt hat, sich Frauen gegenüber durchzusetzen. Deshalb trifft ihn nicht selten die Verachtung seiner Lebensgefährtin, die ihn für einen »Waschlappen« hält.

Unglückseligerweise – so meine Beobachtung – geschieht es immer wieder, dass zwischen Daddies kleine Tochter und dem Sohn einer Mutter der Funken überspringt und der Mechanismus des Sichverliebens in Gang kommt. Ihr imponiert an ihm seine tendenzielle Weiblichkeit – er ist ja frauidentifiziert und hat somit ausgeprägt weibliche Züge –, die sie in ihrer Kindheit vermissen musste, da Mutti kaum eine Rolle spielte. Er findet eher ihre harten männlichen Züge chic, etwas, was ihm fehlt, da er vorrangig bei seiner Mutter das Leben abgeschaut hat.

Da nun beide gegen ihre Natur leben, muss es über die Zeit zur gegenseitigen Enttäuschung kommen. Zunehmender Streit steht ins Haus. Einer von beiden oder gar beide werden krank und/oder Scheidung ist die Folge.

So wichtig ein Vater für seine Tochter ist – hier kann sie lernen, wie Männer denken, fühlen und handeln –, so entscheidend ist es aber auch, dass Väter ihren Töchtern nicht zu nahe kommen, und das ist nicht nur körperlich gemeint. Es gibt auch eine Art geistigen Missbrauch (*mental abuse*), wenn Väter ihren Töchtern die eigenen Phantasien und Vorstellungen von einer Geliebten aufbürden.

Für das Mutter-Sohn-Verhältnis gilt dasselbe. (Vor allem nach dem Krieg war häufig zu beobachten, wie Mütter infolge des Verlustes ihres Ehemannes einen Sohn zum Ersatzmann hochstilisierten und ihn hierdurch ein Leben lang in Gefangenschaft hielten.) Aus diesem Grund sehe ich es mit großer Sorge, wenn sich heute eine »emanzipierte« Frau nur den Samen bei einem Mann abholt, um dann ihren Sohn allein großzuziehen. Der Sohn wird um den Vater betrogen!

Wenn Sie mögen, so überprüfen Sie doch einfach einmal, wie nahe Sie als Frau Ihrem Vater standen, wie leicht Sie sich trauten, ihm zu widersprechen? Wie reagierte er auf Ihre männlichen Freunde? Wie männlich ist Ihr heutiger Partner?

Als männlicher Leser dieser Zeilen sei Ihnen angeraten, einmal nachzuschauen, wie standfest Sie gegenüber Ihrer Mutter sein können? Wie gut können Sie sich überhaupt Frauen gegenüber durchsetzen – selbstverständlich nicht in Machoart, sondern rücksichtsvoll? Wie männlich waren bisher all Ihre Partnerinnen?

Nun handelte dieses Buch bisher viel über Partnerschaft und Liebe. Das Wort Liebe wurde aber bisher nie genauer definiert. Dies möchte ich im nächsten Kapitel nachholen.

Der Prophet und die langen Löffel

Ein Rechtgläubiger kam zum Propheten Elias. Ihn bewegte die Frage nach Hölle und Himmel, wollte er doch seinen Lebensweg danach gestalten. »Wo ist die Hölle – wo ist der Himmel?« Mit diesen Worten näherte er sich dem Propheten, doch Elias antwortete nicht. Er nahm den Fragesteller an der Hand und führte ihn durch dunkle Gassen in einen Palast. Durch ein Eisenportal betraten sie einen großen Saal. Dort drängten sich viele Menschen, arme und reiche, in Lumpen gehüllte, mit Edelsteinen geschmückte. In der Mitte des Saales stand auf offenem Feuer ein großer Topf voll brodelnder Suppe, die im Orient Asch heißt. Der Eintopf verbreitete angenehmen Duft im Raum. Um den Topf herum drängten sich hohlwangige und tiefäugige Menschen, von denen jeder versuchte, sich seinen Teil Suppe zu sichern. Der Begleiter des Propheten Elias staunte, denn die Löffel, von denen jeder dieser Menschen einen trug, waren so groß wie sie selbst. Nur ganz hinten hatte der Stiel des Löffels einen hölzernen Griff. Der übrige Löffel, dessen Inhalt einen Menschen hätte sättigen können, war aus Eisen und durch die Suppe glühend heiß. Gierig stocherten die Hungrigen im Eintopf herum. Jeder wollte seinen Teil, doch keiner bekam ihn. Mit Mühe hoben sie ihren schweren Löffel aus der Suppe, da dieser aber zu lang war, bekam ihn auch der Stärkste nicht in den Mund. Gar zu Vorwitzige verbrannten sich Arme und Gesicht oder schütteten in ihrem gierigen Eifer die Suppe ihrem Nachbarn über die Schultern. Schimpfend gingen sie aufeinander los und schlugen sich mit denselben Löffeln, mit deren Hilfe sie ihren Hunger hätten stillen können. Der Prophet Elias fasste seinen Begleiter am Arm und sagte: »Das ist die Hölle!«

Sie verließen den Saal und hörten das höllische Geschrei bald nicht mehr. Nach langer Wanderung durch finstere Gänge traten sie in einen weiteren Saal ein. Auch hier saßen viele Menschen. In der Mitte des Raumes brodelte wieder ein Kessel mit Suppe. Jeder dieser Anwesenden hatte einen jener riesigen Löffel in der Hand, die Elias und sein Begleiter schon in der Hölle gesehen hatten. Aber die Menschen waren hier wohlgenährt und man hörte in dem Saal nur ein leises, zufriedenes Summen und das Geräusch der eintauchenden Löffel. Jeweils zwei Menschen hatten sich zusammengetan. Einer tauchte den Löffel ein und fütterte den anderen. Wurde einem der Löffel zu schwer, halfen zwei andere mit ihrem Eßwerkzeug, sodass jeder doch in Ruhe essen konnte. War der eine gesättigt, kam der Nächste an die Reihe. Der Prophet Elias sagte zu seinem Begleiter: »Das ist der Himmel!«

(Entnommen aus dem Buch: »Der Kaufmann und der Papagei« von N. Peseschkian)

8. Kapitel

Nicht sich verlieben, sondern sich lieben

Nachdem es heute wohl Tausende von Abhandlungen, Musikstücke, Dramen und Komödien über die Liebe gibt, erscheint es auf den ersten Blick vermessen, zu diesem Thema noch irgendetwas schreiben zu wollen.

Nachdem ich aber zuerst als Hausarzt anlässlich von Hausbesuchen, dann als Familientherapeut und zuletzt auch durch eigene Betroffenheit erfahren musste, dass alles Wissen über die Liebe vielen Menschen nicht hilft, habe ich mir weitere Gedanken über die Voraussetzungen gelungener Partnerschaften gemacht.

Zuerst kamen mir die Ergebnisse der Kooperationsforschung zu Hilfe, die aufzeigen, wie sich Lebewesen, also auch wir Menschen, verhalten müssen, damit sowohl das Individuum als auch die Gemeinschaft den größtmöglichen Gewinn erzielen können.

Zur Verdeutlichung dieser Thematik gebe ich eine kleine Geschichte wieder, die Douglas Hofstadter, ein bekannter Mathematiker, in der Zeitschrift »Spektrum der Wissenschaft« (Heft 8, August 1983) veröffentlicht hat.

Angenommen Sie besitzen große Mengen irgendeines Gutes (Geld zum Beispiel) und möchten dafür eine bestimmte Menge eines anderen Gutes (Briefmarken, Lebensmittel, Diamanten usw.) erwerben. Also arrangieren Sie mit dem einzigen Händler für dieses Gut, den Sie kennen, ein für beide Seiten befriedigen-

des Tauschgeschäft. Aus irgendeinem Grund muss der Tauschhandel jedoch im Geheimen stattfinden. Sie kommen überein, dass jeder von Ihnen einen Sack an einem vereinbarten Ort im Wald deponiert und den Sack des anderen an dessen Versteck abholt. Ihnen beiden ist auch klar, dass Sie sich nie wieder begegnen und auch keine weiteren Geschäfte miteinander mehr machen werden.

Fatale Logik

Unter diesen Umständen muss jeder von Ihnen natürlich befürchten, dass der jeweils andere einen leeren Sack hinterlegt. Keine Frage: Wenn Sie beide volle Säcke deponieren, wird jeder zufrieden gestellt; aber ebenso selbstverständlilch wird der noch mehr zufriedengestellt, der seinen Teil umsonst erhält. Die Versuchung, einen leeren Sack zu hinterlassen, ist daher groß. Ja, man kann sogar scheinbar zwingend so argumentieren: ›Wenn der Händler einen vollen Sack bringt, ich aber einen leeren abgestellt habe, bin ich fein raus; denn dann kriege ich, was ich wollte, umsonst. Aber auch wenn der Händler einen leeren Sack zurücklässt, war es besser, auch einen leeren Sack deponiert zu haben, denn dann bin ich wenigstens nicht übers Ohr gehauen worden. Ich habe zwar nichts bekommen, aber auch nichts verloren. Wie es aussieht, bin ich mit einem leeren Sack in jedem Fall also besser dran, egal wozu sich der Händler entschließt. Folglich deponiere ich einen leeren Sack.‹
Der Händler, der ja mehr oder weniger im gleichen Boot sitzt (wenn auch am anderen Ende), hat sich mittlerweile dasselbe überlegt. Auch er ist zu dem Schluss gekommen, am besten nichts in den Sack zu tun. Und so deponieren Sie beide auf Grund Ihrer (scheinbar) unfehlbaren Logik einen leeren Sack – und gehen leer aus. Traurig, traurig, denn wenn Sie kooperiert hätten, hätten Sie beide bekommen, was Sie wollten.

Durch eine Computersimulation fanden Hofstadter und seine Kollegen heraus, dass die folgende Strategie für alle Beteiligten am gewinnbringendsten ist:

1. Habe ein nettes Programm! Gehe davon aus, dass der andere in Ordnung (okay) ist und betrüge nicht als erster. Strebe keinen Maximalerfolg an (versuche also niemand über den Tisch zu ziehen) und sei nicht neidisch auf die Erfolge der anderen.

2. Sei verletzlich: Äußere deine Wünsche und wehre dich, wenn du verletzt, betrogen wirst.
3. Sei versöhnlich. Wenn der andere wieder kooperiert, lass ihn mitspielen und sei nicht nachtragend.
4. Sei kalkulierbar, verlässlich.

Sie mögen sich nun einmal selbst überprüfen, welche dieser vier Punkte Sie gut beherrschen und wo Sie vielleicht noch ein wenig hinzulernen könnten.

Anmerkungen zu Regel 1

Stellen Sie sich doch bitte einmal vor, Sie joggen oder spazieren an einem Sonntag frühmorgens an einem Waldrand entlang und plötzlich landet ein UFO neben Ihnen auf der Lichtung. Die berühmten grünen Männchen steigen aus, kommen lächelnd auf Sie zu und fragen Sie folgendes: »Sie sind der erste Mensch, der uns begegnet, und bevor wir uns in die nächste große Stadt unter die vielen Ihresgleichen trauen, hätten wir doch gerne ein paar Informationen von Ihnen, was uns da erwartet. Was sind das für Wesen? Auf was müssen wir uns da einstellen?«

Sie haben nachgedacht? Was würden Sie den Extraterrestrischen antworten? Kann man Ihrer Meinung nach von Mitmenschen eher etwas Gutes oder etwas Schlechtes erwarten? Manche Klienten, denen ich oben angeführtes Kooperationsschema zeige, sagen sofort lachend: »Dem Händler etwas in den Wald stellen?! Aber nie! Menschen sind doch nur Gauner!« Nun gilt aber auch der Satz, dass wir Menschen tendenziell das erreichen, was wir erwarten. Gehe ich also mit einem Negativbild an Menschen heran, werde ich eher ungünstige Ergebnisse erzielen und umgekehrt.

Es lohnt sich demnach, zunächst einmal davon auszugehen, dass der Händler okay ist, auch wenn unsere heutige

Lebenserfahrung dagegen zu sprechen scheint. Leider ist unser Wirtschaftssystem davon geprägt, dass es jeder darauf anlegt, mit geringster Anstrengung das meiste herauszuholen. Mit anderen Worten: Gewinnmaximierung um jeden Preis. Dass wir mit dieser Maxime den Globus ruinieren, hat sich zwar schon herumgesprochen, aber noch immer nicht dazu geführt, dass in den Chefetagen umgedacht wird.

Warum denn nun dieser Ausflug in unser Wirtschaftsleben, wo dieses Buch doch vom Sichverlieben handelt?

Ganz einfach, weil auch die meisten Paare, die zu mir in die Beratung kommen – sei es, weil sie zerstritten sind oder einer von beiden krank ist –, nach dem Prinzip »Sieg oder Niederlage« leben. In vielen Fällen hat einer von beiden in seinem Kopf – bewusst oder unbewusst – ein negatives Menschenbild gespeichert, öffnet sich daher kaum und unterstellt dem anderen stets die bösesten Absichten. Auch kommt es häufig vor, dass einer ohne Rücksicht auf den anderen versucht, für sich ein Maximum aus der Beziehung herauszuholen (wie z. B. Kate im vorausgegangenen Kapitel). Es kann aber auch sein, dass sich beide belügen und betrügen, »dass sich die Balken biegen«. – So aber kann Partnerschaft nicht gedeihen.

Dabei wäre es so einfach. Schon wenn beide sich nur an die erste Regel hielten, wären sie der Liebe schon einen riesigen Schritt näher.

Anmerkungen zu Regel 2

In meinem Konfirmandenunterricht wurde mir eindringlichst nahe gebracht, auch noch die linke Backe hinzuhalten, wenn mir jemand auf die rechte geschlagen hat. Heute wissen wir, dass eine solche Strategie der falsch verstandenen Friedfertigkeit den Aggressor nur noch feindseliger macht, da er sich nicht ernst genommen fühlt. Erinnern Sie sich noch an Hubert aus dem 5. Kapitel? In einer der letzten

Beratungsstunden gewann er die Einsicht, dass er sich und seiner Frau viel Kummer hätte ersparen können, wenn er Ilona gleich zu Beginn unmissverständlich klargemacht hätte, wo seine Grenzen sind. Wer Demütigungen und abenteuerlichste Kränkungen schweigend erträgt, ist kein Wunder an Sanftmut, sondern ein unverbesserlicher Tor. Auch wenn man es nicht gerne wahrhaben will, in gewisser Weise ist es so, dass man den Partner bekommt, den man verdient.

Die alte Weisheit »Auge um Auge, Zahn um Zahn« hat demnach stets noch Gültigkeit! Mit anderen Worten: Sobald sich ein Mensch daneben benimmt, muss ihm das unmissverständlich deutlich gemacht werden, und er allein muss für die Konsequenzen seiner Handlungen geradestehen. Sobald Kritik nicht mehr möglich ist, Menschen für ihr Verhalten nicht mehr zur Rechenschaft gezogen werden können, stellen sich über die Zeit ungünstige Ergebnisse ein. Ich erinnere mich hier zum Beispiel an mehrere Chefärzte, die uns junge Assistenten immer wieder im Beisein von Patienten beschimpften und zutiefst demütigten. Sie konnten es gefahrlos tun, denn ihr Verhalten hatte keinerlei Einfluss auf ihr Gehalt oder gar auf ihre Anstellung, denn sie waren ja Beamte.

Anmerkungen zu Regel 3

Die Handlungsanweisung »Auge um Auge, Zahn um Zahn« hat jedoch keine universale Gültigkeit, denn sie hat auch einen entscheidenden Nachteil. Sie kann eine Eskalation der Gewalt, eine Blutrache über Generationen hinweg in Gang setzen. Sie bedarf also der Beschränkung, und zwar durch das Prinzip der Vergebung. Nur Vergebung und die aus ihr folgende Versöhnung kann eine Wende zum Frieden bringen.

Ich denke, Christus hat uns zwei Dinge geschenkt: Einmal das Prinzip der Liebe und zum anderen das Prinzip der

Vergebung. Wir Menschen sind fehlbare Wesen und so kann es gar nicht ausbleiben, dass ich da und dort jemandem auf die Füße trete. Der »Getretene« muss das Recht haben, sich deutlich und nachhaltig zur Wehr zu setzen; aber ich sollte im Gegenzug das Anrecht auf Vergebung haben, vorausgesetzt, ich habe den von mir angerichteten Schaden in Ordnung gebracht und mich entschuldigt.

Im Rahmen meiner Beratungen begegne ich immer wieder Menschen, die mir offen oder verschlüsselt folgende Haltung signalisieren: »Mein Partner hat mich über die Jahre derart gequält, betrogen und ausgenutzt. Das ist einfach unverzeihlich. Das soll er mir jetzt bis ans Lebensende büßen!« Dass sich diese Menschen durch ihren Hass selbst um ein glücklicheres Leben bringen, mögen sie oft nicht einsehen. Die Computersimulation hingegen kann es beweisen: Lebewesen, die sofort verzeihen, sobald das Gegenüber wieder kooperiert, erzielen weit bessere Ergebnisse in ihrem Leben als »Nachtrager«.

Anmerkungen zu Regel 4

Bei Menschen, die stets mit anderen unzufrieden sind, konnte ich des öfteren beobachten, dass sie nach dem Prinzip leben: »Ich bin ja bereit, viel für andere zu tun, aber man darf es um Gottes willen nicht von mir verlangen.« Mit diesen Menschen zu kooperieren ist kaum möglich, da sie sich meist dann, wenn man sie braucht, verweigern. Sobald man von ihnen eine verlässliche bindende Zusage verlangt, fühlen sie sich in unerträglicher Weise bevormundet. Also heißt ihre Antwort: »Nein!«

Eine gelungene Partnerschaft setzt aber die Bereitschaft zur Kooperation und damit Verlässlichkeit und Kalkulierbarkeit voraus.

Einen weiteren Erkenntnisfortschritt über die Liebe beziehungsweise über das, was lieben bedeuten könnte, verdanke ich den Ausführungen von Humberto Maturana, einem chilenischen Arzt und Hirnforscher.

Maturana definiert lieben als koordinieren. Wenn es zwei Menschen gelingt, ihre Gefühle, Gedanken und das gegenseitige Verhalten immer wieder aufeinander abzustimmen, dann entsteht in beiden über die Zeit das Gefühl von Liebe! Vereinfacht formuliert, definiere ich lieben als wohlwollendes, wertschätzendes Verhandeln.

Wie kommt nun Maturana zu dieser Definition von Liebe? Nach dem heutigen Stand der Erkenntnis liegt die Wiege der Menschheit in Afrika. Warum auch immer – vielleicht gab es durch eine Klimaveränderung immer weniger Bäume –, unsere Vorfahren mussten eines Tages hinaus in die Steppe. Hier hatten sie aber kaum eine Überlebenschance, denn dieses Gebiet wurde bereits von Löwen, Leoparden, Rhinozerossen und Elefanten beherrscht. Weder waren sie stark genug, um diesen Kraftprotzen die Stirn zu bieten, noch verfügten sie über die gazellenartige Schnelligkeit, um sich vor ihnen durch Flucht in Sicherheit zu bringen. In dieser fast aussichtslosen Lage entdeckten unsere Vorfahren die Kunst der Kooperation. Sie überlebten, weil sie die Fähigkeit erwarben, ihr Verhalten immer besser aufeinander abzustimmen, das heißt, sie begannen ihre unterschiedlichen Handlungen untereinander zu koordinieren.

Auf den ersten Blick mag das nicht so erstaunlich wirken, denn auch Löwinnen jagen zum Beispiel gemeinsam, das heißt, auch sie sind bis zu einem gewissen Grade in der Lage, ihr Verhalten aufeinander abzustimmen. Aber unsere Vorfahren übertrafen sie bald um ein Vielfaches, denn sie entwickelten ein einzigartiges Instrument: die Sprache. Dank dieser Errungenschaft waren sie allen Tieren in Bezug auf ihre Fähigkeit zur Koordination bald haushoch überlegen. Dementsprechend bezeichnet Maturana die Sprache als das Koordinieren des Koordinierens.

Wir können also davon ausgehen, dass unsere Vorfahren ohne Sprachentwicklung nicht die geringste Chance gehabt hätten zu überleben. Weiterhin könnte man phantasieren, dass die Natur, gerade weil das Miteinander-Sprechen für uns Menschen so elementar wichtig war, das Gefühl der Liebe an die Fähigkeit des gegenseitigen Abstimmens von Verhalten, Denken und Fühlen gekoppelt hat.

Von Menschen, die ihrem Ehepartner untreu wurden und sich eine Außenbeziehung zugelegt haben, ist oft zu hören: »Ja, mit dem neuen Partner, da kann ich reden, reden, reden! Wir telefonieren oft stundenlang und merken dabei gar nicht, wie die Zeit verrinnt. Von ihm/ihr fühle ich mich verstanden. Er/sie spricht mir aus der Seele. Es ist einfach wunderbar!«

Wenn wir Menschen in grauer Vorzeit nur überlebten, weil wir in der Lage waren, miteinander in Verhandlung zu treten, unser Vorgehen aufeinander abzustimmen, so bedeutete das aber auch, dass wir auf Gedeih und Verderb aufeinander angewiesen waren. Anders ausgedrückt könnte man daher auch sagen, dass jeder Mensch im Interesse des eigenen Überlebens mit einer grundsätzlichen Wertschätzung für seine Mitmenschen auf die Welt kommt. Es ist also zwingende Notwendigkeit und eigener Wille, dass wir lernen, miteinander wohlwollend umzugehen. Um jedoch sinnvoll verhandeln zu können, ist es – wie Sie im 2. Kapitel gesehen haben – eine unabdingbare Voraussetzung, seine eigenen Wünsche zu kennen.

Ohne Feindbild geht's besser

An dieser Stelle möchte ich Sie mit noch einer anderen Methode vertraut machen, die Ihnen helfen kann, Klarheit über sich selbst zu gewinnen. Diese Art der Selbstüberprüfung ist entnommen aus dem Buch »Miteinander reden« von Friedemann Schulz v. Thun:

Denken Sie bitte einmal darüber nach, ob es irgendeine Eigenschaft gibt, die Sie bei Ihren Mitmenschen nicht ertragen können, die Sie vielleicht sogar regelrecht abscheulich finden. Können Sie es zum Beispiel nicht ausstehen, wenn Mitmenschen unpünktlich sind, beim Reden nicht auf den Punkt kommen oder immer alles besser wissen?

Anders gefragt: Wie sieht Ihr »Kotzbrocken« aus?

Wenn Ihnen jetzt etwas einfällt, was Sie überhaupt nicht leiden können, dann überlegen Sie doch bitte mal einen Augenblick, ob Sie selbst eventuell das genaue Gegenteil von dem, was Sie so heftig ablehnen, leben.

Ein Beispiel: Sie haben entdeckt, dass Ihnen langsame Leute auf die Nerven gehen. Und siehe da, Sie gehören zu den Schnellen. Sie spüren nur Verachtung für Egoisten? Liegt das vielleicht daran, dass Sie selbst ein unkritischer Altruist sind?

Mit anderen Worten: Sie sind »kein Gramm besser« als diejenigen, die Sie stets abgelehnt haben! Sie sind sozusagen nur die Kehrseite der Medaille. Und nun überprüfen Sie einmal, ob nicht Ihr Partner tendenziell die Eigenschaften besitzt, die Sie bisher bei anderen nicht leiden konnten ... ! Und was lehnt Ihr Partner an Ihnen ab? Möglicherweise das, worauf Sie gerade sehr stolz sind?

Konkret: Sie mögen keine umständlichen, langsamen Menschen und neigen daher selbst zur Schnelligkeit, Ihr Partner wiederum gerät in Rage, wenn er zur Eile getrieben wird. Er handelt bedächtig und abwägend. Wie nun aus einem solchen Dilemma herauskommen?

Versuchen Sie doch bitte einmal herauszufinden, ob es nicht doch einen guten Anteil an dem gibt, was Sie bisher strikt abgelehnt haben. Sie mögen zum Beispiel keine Egoisten und verhalten sich deshalb selbstlos, das heißt, Sie waren bisher in Ihrem Leben viel zu gutmütig und haben sich aus diesem Grund auch schon oft die Wurst vom Brot nehmen lassen. Ein »abgeschwächter« Egoist wäre demnach jemand, dem es gelingt, auch mal für sich selbst und die eigenen Interessen einzustehen. Ihnen gelingt das nicht so gut, denn Sie haben das Kind mit dem Bade ausgeschüttet und sich darauf versteift, jede Form von Egoismus rigoros abzulehnen.

Wenn Sie sich jetzt eingestehen, dass Egoismus auch seine guten Seiten hat, ist es Ihnen ab heute erlaubt, sich auch mal in eigener Sache mit gutem Gewissen durchzusetzen. Das heißt noch lange nicht, dass Sie ihre Fähigkeit zur Selbstlosigkeit aufgeben sollten. Altruismus ist gut, solange er nicht unkritisch ist, das heißt, solange Sie einem Millionär nicht noch zusätzlich einen 100-Mark-Schein in die Tasche stecken. Zukünftig werden Sie genauer hinschauen, wer Ihre Hilfe braucht und wer durchaus auch allein zurechtkommen kann.

Die Auseinandersetzung mit den eigenen Feindbildern ist aber auch deshalb dringend notwendig, weil sie eine stete Quelle für unötige Aggressionen sind. Solange ich es als notwendig empfinde, bestimmte Eigenschaften bei anderen abzulehnen, kultiviere ich die Vorstellung von einem Gegner, das heißt, sobald jemand in meinem Gesichtsfeld auftaucht, der diese von mir abgelehnten Verhaltensweisen lebt, kann in mir ein Vulkan an Feindseligkeit explodieren. Mit Liebe und Wertschätzung ist es dann aus und vorbei.

Eine wesentliche Aufgabe für uns Menschen besteht demnach darin, sich seiner extremen Ablehnungen bewusst zu werden und ganz langsam, aber stetig gegen sie vorzugehen. Wir sollten trainieren, toleranter zu werden. Erst dann bin ich rundherum liebesfähig und kann meinen Mitmenschen wertschätzend begegnen.

Ich hoffe, ich konnte somit deutlich machen, dass Liebe nur dort gedeihen kann, wo sich beide Partner selbst gut kennen und über die Fähigkeit zu offener und intensiver Kommunikation verfügen. Unglückseligerweise haben wir uns von unseren Wurzeln inzwischen zu weit entfernt. In den westlichen Industrienationen ist der Motor unseres Alltagslebens nicht mehr Kooperation, sondern Konkurrenz. Wir verhandeln nicht um die beste Lösung, sondern wir kämpfen um Sieg oder Niederlage! Mit gegenseitiger Wertschätzung hat dies allerdings nicht viel zu tun. Achten Sie einmal darauf, wie viele Begriffe aus dem Militär heute im Wirtschaftsleben tagtäglich gebraucht werden: Da müssen zum Beispiel »Märkte erobert« und »Konkurrenten ausgeschaltet« werden; Männer müssen an die »(Verkaufs-) Front« und Unternehmen müssen mit Hilfe einer aggressiven Werbestrategie auf Expansionskurs getrimmt werden.

Und so ist es für mich nicht verwunderlich, dass viele Menschen diese Verhaltensweisen, die ihnen tagsüber abverlangt werden, auch abends in ihre Familien hineintragen, zumal ja auch die Kinder auf die Härte des Lebens vorbereitet sein müssen. In einem solchen Klima ist es schwierig bis unmöglich, miteinander noch wohlwollend oder auf der Basis gegenseitiger Wertschätzung zu verhandeln.

Ich halte es für dringend notwendig, die Spielregeln unserer Wirtschaft zu verändern. Sie widersprechen nicht nur unserer eigenen Natur, sondern sie zerstören auch unseren Planeten und damit unsere Existenzgrundlage. Der gnadenlose Zeit- und Konkurrenzdruck, dem wir durch ein ausschließlich gewinnorientiertes Denken ausgesetzt sind, wirkt sich zerstörerisch auf die Menschheit aus und verursacht tausendfaches Leid: Der größte Teil der Menschheit lebt heute in Angst um den Arbeitsplatz, in Angst um das tägliche Brot (ein Drittel der Menschheit hungert!), in Angst um die nachfolgenden Generationen und – was noch viel schlimmer ist – ihm fehlt, was er am nötigsten braucht, die Erfahrung der Liebe.

Nun leitet mich aber stets aufs Neue der alte Satz: »Es ist besser eine Kerze anzuzünden, als sich über die Dunkelheit zu beschweren.« Mein Anliegen ist es und deshalb habe ich dieses Buch geschrieben, dass jeder einzelne Mensch in sich die Fähigkeit zur Liebe (wieder) entdeckt und Wege findet, sie auch zu leben.

Sowohl von den Atomphysikern (Physik der kleinsten Teilchen) als auch von den Astrophysikern (Physik des Weltraumes, der Gestirne) können wir lernen, dass alles, aber auch wirklich alles miteinander in Beziehung steht – *wechselwirkt*. Egal ob Pflanzen, Viren, Bakterien oder höhere Lebewesen, alle sind miteinander vernetzt.

Wenn es also stimmt, dass alles miteinander zusammenhängt und keiner unabhängig vom anderen besteht, dann kann ich auch die Behauptung aufstellen: Überall da, wo die Liebe sich ausbreitet, wird die Aggression zurückgedrängt, wächst das Ausmaß an gegenseitiger Wertschätzung. Jeder Mensch, der sich für die Liebe öffnet, hat Anteil an der Verbreitung eines neuen Sinnverständnisses, hat Anteil daran, unseren Planeten zu bewahren, Angst, Hungersnöte und Krankheiten zu verringern. Dies auch ist die Erkenntnis, die allen Weltreligionen zu Grunde liegt: Gott ist Licht (Offenheit, Ehrlichkeit, Vertrauen) und Liebe (koordinieren, sich gegenseitig abstimmen, wohlwollend verhandeln: Gerechtigkeit).

Immer wieder habe ich in diesem Buch zu zeigen versucht, dass die Liebe nicht vom Himmel fällt, dass nur der sie erringen kann, der sich seiner selbst bewusst wird. Nur diejenigen, die bereit sind, den manchmal dornigen Weg auf sich zu nehmen, sich von unzweckmäßigen Verhaltensweisen zu lösen, haben die Chance, eines Tages eine glückliche und erfüllte Partnerschaft zu führen. Deshalb stehen am Schluss dieses Buches nochmals zusammenfassend die wichtigsten

Fragen, die Ihnen helfen können, Klarheit über sich und Ihre Beziehung zu erlangen. Wenn Sie sie ehrlich beantworten, können Sie erkennen, wo Sie sich in dankbarer Selbstzufriedenheit annehmen können und wo Sie noch an sich arbeiten sollten.

1. Sind Sie glücklich darüber, dass es Sie gibt, und zwar genau so wie Sie nun mal sind?
2. Wie selbstsicher sind Sie im Entscheiden und im Handeln? Haben Sie immer Angst davor, einen Fehler zu machen, die Erwartungen der anderen nicht zu erfüllen, Schuld auf sich zu laden?
3. Wie gut kennen Sie Ihre eigenen Wünsche an das Leben, an den Partner, an Ihren Beruf?
4. Können Sie diese Wünsche vortragen und sich für ihre Realisierung auch einsetzen? Oder bremst Sie zum Beispiel der Gedanke: »Was sollen die Leute sagen?«
5. Wie hoch ist Ihre Trefferquote, wenn es darum geht, die Wünsche Ihrer Mitmenschen zu erahnen? Können Sie leicht – vielleicht sogar freudig – auf die Bedürfnisse anderer eingehen?
6. Wie selbstbestimmt leben Sie? Haben Sie einen guten Kompromiss zwischen Ihren eigenen Wünschen und den Rücksichten auf andere gefunden?
7. Wie steht es um Ihre Souveränität, Weisheit und Gelassenheit? Mit anderen Worten: Wie zufrieden sind Sie mit sich selbst und anderen? Wie kritisch gehen Sie mit sich selbst und anderen um? Wie oft loben Sie sich und andere?

Wenn es Ihnen mit Hilfe dieser Fragestellungen gelingt, die von Ihnen verinnerlichten Ängste zu erkennen und sich von ihnen zu lösen, das heißt, wenn Sie sich aufmachen, durch diszipliniertes Training neue Verhaltensweisen zu erwerben, werden Sie es kaum mehr nötig haben, sich Hals über Kopf in einen Partner zu verlieben, nur weil der etwas kann oder darf, was Ihnen untersagt ist. Dann nämlich verfügen Sie selbst über einen vollen Koffer an Lebensbewältigungsinstrumenten. Ihr Partner ist nicht länger Erfüllungsgehilfe Ihrer unbewussten Sehnsüchte, sondern Ihnen in allem ebenbürtig.

Und das bringt all die Selbsterkenntnis außerdem:

- Nicht nur in der Partnerschaft, sondern auch in Ihrem Berufs- und Alltagsleben werden Sie keine Energien mehr durch destruktive Streitereien einbüßen, denn Sie haben gelernt, sich in jeder Situation schnellstmöglich über Ihre Wünsche klar zu werden. Sie haben es nicht mehr nötig, sich in Schattengefechten zu verzetteln, weil Sie über die Fähigkeit verfügen, für beide Seiten faire Kompromisse auszuhandeln und anderen auch mal etwas zuzugestehen.

- Wer zu sich selbst gefunden hat, kann auch ohne Groll mit seiner Vergangenheit abschließen. Er kann Eltern, Lehrern – oder wem er seine anerzogenen Ängste sonst noch zu verdanken hat – vergeben, Ihnen versöhnlich und selbstbewusst gegenübertreten.

- Sie werden stark genug sein, auch Zeiten des Kummers oder der Disharmonie zu überstehen, denn Sie haben sich bewusst für dieses Leben entschieden und sind nicht blind in Ihr Schicksal gestolpert.

- Gemeinsam mit Ihrem Partner werden Sie nicht nur in geistiger Hinsicht, sondern auch in körperlicher eine tiefe spirituelle Befriedigung erfahren, denn ein erfülltes Geschlechtsleben ist Bestandteil einer jeden glücklichen

Beziehung. J. S. Wallerstein schrieb einmal: »Das Schlafzimmer ist ein besonderer Raum für ausgelassenes Spiel, Lachen, erotische Freuden, für Abenteuer, Leidenschaft und Entspannung.« (Psychologie heute, Februar 1996).

Und – last, not least – das Geheimnis eines noch im hohen Alter glücklichen Ehepaares beruht auf einer ganz besonderen Rezeptur: Man nehme zunächst eine große Prise Humor, zärtlich schmunzelnd nähre man dann im anderen – aller nüchternen Selbsterkenntnis zum Trotz – die Illusion über sich selbst. Wir alle wissen, was für bedeutungslose Würstchen wir im Angesicht des Kosmos sind. Wie tröstlich ist es da, für einen Menschen, den ich liebe, die Welt zu sein.

Literaturverzeichnis

Axelrod, R.: Die Evolution der Kooperation. R. Oldenbourg 1988

Beck-Gernsheim, E., und U. Beck: Das ganz normale Chaos der Liebe. Suhrkamp 1990

Böhme, G.: Briefe an meine Töchter. Insel 1995

Dawkins, R.: Das egoistische Gen. Spektrum 1994

Hofstadter, D. R.: Kann sich in einer Welt voller Egoisten kooperatives Verhalten entwickeln? Spektrum der Wissenschaften. August 1983, S. 8 ff.

Frederich, B.: Gesund durch Familienberatung, Kösel 1990

Frederich, B.: Krankheit oder die Angst vor dem Partner. Kösel 1985

Kast-Zahn, A.: Jedes Kind kann Regeln lernen. Oberstebrink 1997

Le Shan, L.: Diagnose Krebs. Wendepunkt und Neubeginn. Klett Cotta 1995

Le Shan, L.: Psychotherapie gegen den Krebs. Klett Cotta 1996

Miller, A.: Das Drama des begabten Kindes. Suhrkamp 1994

Miller, A.: Du sollst nicht merken. Suhrkamp 1981

Mogel, H.: Geborgenheit. Psychologie eines Lebensgefühls. Springer 1995

Seel, M.: Versuch über die Form des Glücks. Suhrkamp 1995

Seligman, M. E. P.: Erlernte Hilflosigkeit. Urban & Schwarzenberg 1986

Schulz von Thun, Friedemann: Miteinander reden. Rowohlt 1994

Stierlin, H.: Adolf Hitler. Familienperspektiven. Suhrkamp 1995

Stierlin, H.: Ob sich das Herz zum Herzen findet. Rowohlt 1987

Stierlin, H.: Das Tun des einen ist das Tun des anderen. Suhrkamp 1976

Tannen, D.: Du kannst mich einfach nicht verstehen. Kabel 1991

Tramitz, Chr.: Du und kein anderer. Wie wir einander suchen und finden. Econ 1992

Tramitz, Chr.: Irren ist männlich. C. Bertelsmann 1993

Wallerstein, J. S.: Gute Ehen. Beltz Quadriga 1996

Quellennachweis

Die Abbildungen wurden im Wesentlichen vom Autor selbst erstellt. Allein die Abbildungen 3 und 4 sind modifizierte Darstellungen von Grafiken, die ursprünglich von Diplompsychologe D. Langer in Gelsenkirchen entworfen wurden. Er arbeitet dort zusammen mit Herrn Prof. Stemmann, der sich seit Jahren um Kinder kümmert, die an Neurodermitis erkrankt sind.

Aus folgenden Werken wurde mit freundlicher Genehmigung der Rechtsinhaber zitiert:
Dirk Busch: »Sie beißt und kratzt«. In: Zwischenbilanz. Seine besten Songs. CD Polydor. Nossrat Peseschkian: Der Kaufmann und der Pagagei. © Fischen Taschenbuch Verlag GmbH, Frankfurt am Main 1979.

Die Gedanken, Methoden und Anregungen in diesem Buch stellen die Meinung beziehungsweise Erfahrung des Verfassers dar. Sie wurden von dem Autor nach bestem Wissen erstellt und mit größtmöglicher Sorgfalt überprüft. Sie bieten jedoch keinesfalls Ersatz für kompetenten ärztlichen oder therapeutischen Rat. Daher erfolgen Angaben in diesem Buch ohne jegliche Gewährleistung oder Garantie des Verlages oder des Autors. Eine Haftung des Verlages oder des Autors für etwaige Personen-, Sach- und Vermögensschäden ist ausgeschlossen, es sei denn im Falle grober Fahrlässigkeit.

Dieses Buch können Blinde, Sehbehinderte oder Blindeninstitutionen kostenlos als Hörbuch bei der Arbeitsgemeinschaft der Blindenhörbüchereien e. V., Marbacher Weg 18, D-35037 Marburg/Lahn, Tel. 0 64 21/6 85 80-15, ausleihen.

5 02 01

Ein Unternehmen der Dornier Medienholding GmbH
Umschlaggestaltung: Atelier Reichert, Stuttgart
Umschlagfoto: Margit Schmitt-Leibinger, Mara©
»I love you«, 1997/98
Autorenfoto: Studio Hirch, Darmstadt
Satz: Buch-Werkstatt GmbH, Bad Aibling
Druck und Bindung: Ebner Ulm

ISBN 3 268 00225 0